報道危機の時代

報道の正義／社会の正義 PART 2

北星学園大学
阪井 宏

花伝社

報道危機の時代——報道の正義、社会の正義　ＰＡＲＴ２◆目次

※各章「ディスカッション」は、原寿雄氏と著者・阪井によるもの。

はじめに

本書はジャーナリズム倫理を扱う大学の講義の中で、学生たちと議論するために作ったたたき台を一冊にまとめたものである。前著『報道の正義、社会の正義――現場から問うマスコミ倫理』（花伝社、２０１３年）の続編としてお読みいただければうれしい。

ジャーナリズム倫理などと書くと仰々しいが、要は「正しい報道とは何か」である。うそを書いてはいけない。過剰な演出を加えてもいけない。なぜなら、そのような報道は結果的に市民の役に立たないからである。

ただ、それでは何が「正しさ」の基準や根拠か。法で定められているわけではない。業界内に取り決めがあるわけでもない。しかしおそらく、だれもが納得できる報道ルールがあるはずである。このルールをつきつめて考え、その根拠を掘り下げるのが講義の狙いである。

前著同様、取り上げたテーマは多岐にわたる。「犯罪をおかした少年の実名報道は正しいか」「戦争報道に公正な視点はありえるか」といった難題から、「マー君の高額契約を手放しで喜ぶ報道でよいのか」といった身近な話題まで、題材は幅広く選んだ。多様な意見をぶつけ合うために、全般的にやや挑発的な問題提起をしている。

新聞社に30年間勤め、大学教員になって5年目になる。マスコミを外から眺めることで、さまざまな問題が見えてきた。マスコミの内側では常識と考えていたことが、市民の目にはあやしく映ることがある現実も知った。互いの言葉が足りないことによる誤解が少なくないことも実感した。

マスコミ、特に新聞やテレビにとって今は試練の時である。東日本大震災報道で高まった「発表ジャーナリズム」批判に、朝日の従軍慰安婦報道問題が追い討ちをかけた。一方で、安倍政権のメディア戦略は、驚くほど露骨である。歴史に残る政治的干渉だろう。しかし政治家の圧力よりも、市民の信頼を失いつつある現状のほうがより深刻である。市民の目であり、耳であるはずのマスコミが、肝心の市民の側からイエローカードを突きつけられては存在意義が問われてしまう。

その安倍首相が2015年3月の衆議院予算委員会で、テレビ局への圧力ともとれるみずからの発言について問われ、こう述べた。「(私の発言を) 圧力と考える人は世の中にはいない。番組の人たちは、それくらいで萎縮してしまう人たちか。極めて情けない」(2015年4月11日付『朝日新聞』)。後段部分について、私は逆の立場から安倍氏に賛同する。

政治家によるマスコミへの威圧・恫喝は、さほど珍しいことではない。私自身、新聞社デスク時代の2007年4月、自民党代議士で北海道選出の町村信孝氏（後の衆院議長、2015年6月死去）から、ある一件について電話で二度、三度と誹謗中傷を浴びた経験がある。記事内容がでたらめであるとした上で、「あんたのところのような『アカ新聞』はうそばかり書く」とまで言われたため、証拠を示して反論したところ、間もなく先方の秘書から弁解の電話が入り、決着がついた。本人から一言の謝罪もなかったのにはあきれたが、言ってみれば町村氏もその程度の物言いとしか考えていなかったのである。

牙むき出しの政治家を前にして、マスコミの側におじけづかれては困る。多少の政治的干渉を感知するたびに「言論弾圧」などと大騒ぎする報道に接すると、逆にマスコミの側の脆弱さを垣間見るようで心配になる。

海外には命がけで報道に当たる新聞社、テレビ局が少なくない。そんな国々のジャーナリストの目には、日本のマスコミの置かれた環境はたぶん天国のように映るだろう。しかし日本の報道機関はこれまで、今ある報道環境を存分に活用してきたとは言いがたい。

報道の自由とマスコミ。この両者の関係は、日本国憲法と国民の関係に似ている。いずれもみずから闘い取ったものではない、という出発点が共通しているせいかもしれない。

20代の終わりから30代はじめにかけて、勤務先の新聞社で戦時中に活躍した元記者たちをインタビューし、『記者たちの戦争』（径書房）という本にまとめた。ある元論説委員は、戦争賛美という一つの結論に向けて論説を書くことほど楽な作業はなかった、と語った。陸軍省回りの元記者は、中国大陸で爆撃機に同乗し、逃げ惑う中国人を狙い撃ちする様子に快哉を叫ぶ記事を書いた。しかし二人とも当時の自分を反戦論者だったと語った。

一方で、捕虜収容所を取材した別の元記者は、「戦争が終われば敵味方が友情をもって付き合うだろう」との欧米人捕虜のコメントを紹介し、これに激しく批判を浴びせる記事を書いた。多くの読者が平和を願う巧みな反戦記事として読み取っただろう。しかし素直に敵がい心を燃やした読者もいたはずである。その元記者はすでに他界しており、記事の真意を確かめることはできなかった。

戦時中の言論弾圧が報道の現場にどう伝わり、効力を発揮したか。その道筋をたどるうちに、最後に行き着いたのは記者の筆だった。つまり主張を曲げた最終責任は記者一人ひとりにあった。書きたくないことは書かなければよい。良心がうずくような報道には、手を染めなければよい。5年にわたる先輩記者へのインタビュー取材から私が得た結論は、こんな簡単なことだった。

記者が肝に銘じなければならないのは、昔も今もこの一点のみだと私は確信している。社論や上司の意向を忖度《そんたく》し、思ってもいない記事を書いてしまったり、みずからの信念との板ばさみにあって苦悩する記者は、じつは今の時代も少なくないはずである。戦時中も今も、記者の置かれた状況にさほどの隔たりはない。

私たちはこの国の未来をどう描いていくのか。それを市民や学生に記者も加わり、自由に語り合える環境さえあれば、戦前、戦中のような過ちを私たちがおかすことはないだろう。

大学の講義では正しい報道の在り方をめぐり、学生たちがディベート風に議論する。もちろん勝ち負けを決めるのが目的ではない。一つの問題にさまざまな観点から光を当て、深く考える。

社会には多様なものの見方や価値観があり、それを互いに認め合いながら調和を保って生きていくことの大切さを学ぶためである。

マスコミの役割も大学の講義と同じである。市民が主体となってさまざまな意見をぶつけ合い、社会の道筋を見出すための場をつくる。それがマスコミの最大の使命であると私は考えたい。

この本が、これからの日本の民主主義と、それを支える報道の在り方に関心をもつ多くの人たちの参考になればうれしい。

Ⅰ　暴力と非寛容の時代に

第1章 ナショナリズムとどう向き合うか

在日韓国朝鮮人排除を叫び、街頭でデモ行進する人たち＝２０１３年６月、東京都新宿区（写真提供＝共同通信社）

講義

「国」を意識するとき

日本人の多くは、ふだん自分の所属する国をほとんど意識しない。周囲を海に囲まれ、言語も統一されている。宗教的対立もほとんど起きない。多数派の仏教は日常の暮らしに溶け込み、人々は宗教の存在をほとんど感じていない。では我々はどんな時に自分の国を意識するのだろうか。

まずスポーツ大会がある。4年に一度のW杯サッカー大会や夏季、冬季オリンピックでは、多くの国民がテレビの前に釘付けとなり、選手の戦いぶりに一喜一憂する。日本チームや日本人選手が活躍すれば国中が盛り上がり、その頑張りに声援を送る。

学問や文化の世界でいえば、ノーベル賞も一例だろう。日本の科学者、文学者の受賞が決まれば、新聞もテレビも受賞報道一色だ。日本人ほどノーベル賞の獲得に燃える国民もめずらしいらしい。自然科学分野の研究内容など、素人の我々にはさっぱり分からない。それでも国をあげての大騒ぎとなる。

集団への帰属意識のうち、所属する国家や民族と一体でありたいと思う気持ちのことをナショナリズム（民族主義、国家主義）という。スポーツの国際大会やノーベル賞の選考は、ナショナリズムを感じさせてくれる格好の機会といえるだろう。

もちろん明るい話ばかりではない。1931年（満州事変）以降、日本はナショナリズムのうねりのなかで挙国一致体制を築き、41年に真珠湾を攻撃、太平洋戦争に突入した。その結果、周辺のアジア諸国でおびただしい数の市民が犠牲となり、日本の国土も焼け野原になった。

ナショナリズムは、民族、人種、宗教、言語、国家などが同じであることとの一体感を触媒として燃え上がる。外部に敵をつくり、暴走を始めれば歯止めが効かなくなる。民族同士の争い、国同士の戦争には、決まってナショナリズムの影がある。憎しみの連鎖によって多くの血が流れ、悲劇が生まれる。メディアもまた利用され、ナショナリズムの旗振り役を演じたりする。

世界中で地域紛争やテロが相次いでいる。宗教間の対立が深刻さを増している。そして背後には過激なナショナリズムの台頭がある。混迷の中、メディアが果たすべき役割は何だろう。報道のめざす理想はどこにあるのだろう。事例をもとに考えてみたい。

仏風刺週刊紙への襲撃

2015年1月7日、フランスの首都パリで、新年気分を吹き飛ばすような事件が起きた。風刺画を売り物とする週刊新聞社「シャルリー・エブド」を2人組の男が襲い、編集長や著名な風刺画家ら12人を殺害した。目だし帽を被り、カラシニコフ銃でつぎつぎと頭を撃ち抜いた。

『シャルリー・エブド』は日本の日刊紙よりひと回り小さいタブロイド判。16ページ建てで、発行部数は約5万部。政治や社会を風刺するカラー漫画が売り物である。読者層は左翼系といわれ、編集の信条は「反権力」だ。

押し入った2人はアルジェリア系フランス人兄弟。イスラム教の預言者ムハンマド（モハメット）を誹謗する風刺画をたびたび掲載する同紙を標的にするよう、イスラム過激派組織から指令を受けての犯行とされている。過激な宗教ナショナリズムに火がついた形のテロである。2人はパリ市街を車で逃走し、郊外の工場に立てこもり、治安部隊に射殺された。

事件直後、パリ中心部では犠牲者を追悼する反テロ行進が行われた。推計200万人が集まったという。行進にはフランスをはじめ、ドイツ、イギリスなど50ヵ国以上の首脳も参加し、「表現の自由」への連帯を表明した。

フランスの風刺画新聞の批判精神は、フランス革命（1789年）の際の人権宣言にルーツがある。革命によって民衆は、王権からの解放を力で奪い取った。勝利はカソリック教会からの解放も意味した。つまり同国が誇る政教分離の原則は、先人が命がけで戦い、手にした権利であると、フランス人たちは考えている。当然、強い自負がある。「表現の自由」は建国の精神の根幹にある価値観であり、その制限につながる安易な妥協を許さないと考えている。

同国の風刺画週刊紙は『シャルリー』だけではない。しかもその辛辣さは我々の想像を超える。『カナール・アンシェネ』は2020年の東京五輪開催決定直後、強烈な1枚を載せた。発電所の工場群を背景に、腕や足が3本の力士が向かい合う。防護服を着たレポーターがマイクを手に笑顔で実況する。吹き出しのコメントは「福島のおかげで、相撲は五輪競技になりました」。「福島」はもちろん2011年3月の東日本大震災での原発事故を指す。放射能汚染の影響をえげつなく茶化す風刺画である。

日本人の感覚からすると、あまりにもひどい。被災者の心を逆なでする絵である。しかし東京が、大震災からの復興を五輪誘致に利用したのは事実だ。「奇形力士」は論外だが、「福島のおかげで五輪を誘致できた」との指摘は的を射ている。「奇形力士」を描いた風刺画家は、今回のテロ事件で殺された。

特集号掲載で分かれた対応

『シャルリー・エブド』は惨劇の翌週、特別号を発行した。一面には再び、イスラム教の預言者・ムハンマドの風刺画を載せた。涙を一粒こぼし、テロ抗議行動の合言葉「私はシャルリー」のプラカードを手にしている。前の絵ほど過激ではない。とはいえ、イスラム教徒にとって預言者を描くこと自体がNGである。この風刺画を転載すべきか、見送るべきか。日本の新聞の対応は二つに分かれた。

全国紙のうち、掲載を見送ったのは朝日、毎日、読売の3紙。掲載したのは日経、産経である。共同は全国の加盟社に配信し、各社の判断に任せた。このため東京、北海道などいくつかの地方紙が掲載した（2015年1月16日付『朝日新聞』）。

不掲載の理由について、毎日は「言論や表現は他者への敬意を忘れてはならない」、朝日は「イスラム教徒が深く傷つく描写だと判断した」、読売は「(掲載は)社会通念や状況を考慮しながら判断していく」と説明した。一方、掲載した産経、東京はともに「判断材料を読者に提供した」と主張した。ただ、東京はその後、イスラム教徒からの抗議を受け、2週間後に「おわび」を掲載し、風刺画を載せるべきではなかったと謝罪した。

報道に「節度」求める危険

イスラム教と言論・出版界のトラブルは今に始まったことではない。1988年、英国の作家、サルマン・ラシュディ氏がムハンマドの生涯を題材にした小説「悪魔の詩」を書いた。内容が冒瀆的であるとしてイスラム教徒から激しい反発が起き、イランの最高指導者ホメイニ師がラシュディ氏に死刑宣告を下した。今も身を隠すラシュディ氏に、イランの強硬派財団は2億5000万円の懸賞金をかけ、処刑の実行を促している。

日本国内でも言論機関やジャーナリストを襲う事件はたびたび起きる。1961年2月、月刊誌『中央公論』掲載の小説に憤った右翼少年が同社社長宅で家事手伝いの女性を刺殺した。1987年5月、兵庫県西宮市の朝日新聞阪神支局に目だし帽を被った男が押し入り、散弾銃で小尻知博記者を射殺した。ラシュディ氏の関連でいうと1991年7月、「悪魔の詩」を翻訳した筑波大の五十嵐一助教授が大学構内で何者かに首を切られ、殺害されている。

思想や信教についての報道に「節度」を求める意見は聞こえがいい。報道される側の声に耳を傾けるのは、当然の基本動作である。しかし「節度」の線引きは、いったいだれが、何を基準に行うのか。「節度」の乱発は、表現する側の手足をしばることにならないか。そもそも報道される側が何によって傷つくかは千差万別である。すべての人を傷つけないためには、報道しないという選択しか残されていない。

たとえば韓国社会では、「旭日旗」に対する反発が根強くある。太陽から幾筋もの光線の帯が広がる絵柄である。かつて日本の帝国陸海軍が使い、日本軍のシンボルだった。日本に支配された記憶がよみがえるとの理由で、韓国では嫌悪する人たちが少なくないという。

そんな背景のなか、2011年1月、カタールで開かれたAFCアジアカップ日韓戦で、PKを決めた韓国人選手がテレビカメラに向かって日本人を侮辱する猿真似パフォーマンスを行い、物議をかもした。2013年7月、韓国で行われた東アジアカップ日韓戦では、スタジアムに「歴史を忘れた民族に未来はない」と書かれた巨大な横断幕が掲げられた。いずれも韓国側の当事者は「日本側の応援席で旭日旗が振られるのを見て怒りを覚えた」などと弁明している。

このようなトラブルをどう防げばよいのだろう。旭日旗の絵柄は今も、自衛隊旗をはじめ、漁師が掲げる大漁旗、朝日新聞社旗などに使われている。「節度」を守ってお蔵入りに……となれば、国をあげての大問題となるにちがいない。

かつて任天堂のゲームソフト「ポケットモンスター」（ポケモン）がイスラム諸国の間で大変な物議をかもしたことがある。ポケモンに登場する架空生物の「進化」がコーランの教えに反するとの理由だった。サウジアラビアやカタールなど、イスラムの教えに厳格な中東諸国ではゲーム・グッズの販売や、アニメの放送が禁じられた。遠い昔の話ではない。21世紀の世の中で、宗教者や法学者が真剣に論争を繰り広げたのである。「節度」の主張はこの問題にどんな結論を用意するのだろうか。

ヘイトスピーチに向き合う

「表現の自由」を語る時、今日の日本社会が避けて通れない出来事がある。ヘイトスピーチ(hate speech＝差別的憎悪表現)である。欧米を中心に海外でも大きな社会問題となっているが、ここでは国内の動きを中心に考えたい。

日の丸を振り、扇動的なスローガンを掲げ、「朝鮮人は日本から出ていけ」「朝鮮人を殺せ」などと連呼しながらデモする。そんな異様な光景をテレビニュースで見たことのある人も多いだろう。攻撃の対象は在日朝鮮人、中国人、アイヌ民族ら社会の少数派や外国人である。特に朝鮮人、中国人攻撃は激しく、2012年ごろから、都内の新大久保や大阪・鶴橋など、在日朝鮮人が多く住む地域でひんぱんに行われるようになった。

活動の中心となるのは在特会(在日特権を許さない市民の会)。2006年に結成され、2012年ごろから過激な街頭デモを繰り広げるようになった。示威行動は近年、地方都市にも広がっている。明らかな人種差別であり、度を越した威嚇行為である。

２０１４年12月、最高裁は在特会が京都で行ったヘイトスピーチを人種差別と認め、賠償と街宣活動の差し止めを命じる判決が確定した。メディアは一様に、この司法判断を歓迎した。「表現の自由」にあたるとして最高裁まで争った在特会の主張は退けられた。

歯止めの利かない示威行動の現状を考えると、一時的に司法の力に頼るのもやむを得ない面はある。しかし「表現の自由」の範囲を司法判断にゆだねたり、法律による規制を求めたりするのは、メディアが手放しで歓迎すべき手段ではない。民衆の権利である「表現の自由」を公的権力の手から守る立場であるメディアが、司法判断頼みではあまりにも情けない。メディアの責任放棄といわれてもしかたないだろう。

欧米ではヘイトスピーチにどう対処しているのか。ユダヤ人大量虐殺という重い過去を背負うドイツは「民衆扇動罪」をもうけ、ナチズム賛美の言動などをきびしく監視している。フランスでも差別的発言をあおれば、高額の罰金を科される。英国も法律で罰する。一方、米国では逆に、言論の自由を制限する法律を憲法で禁じている。差別発言は許さないという世論が、社会的制裁として機能する世の中を理想としているのである。

共生と対話のルールを

「表現の自由」にもナショナリズムにも、一定の「節度」が必要である。それはいわば共生と対話のルールである。しかし公権力に主導されて手にするような「節度」ではほとんど意味がない。

市民とともに賛否両論をたたかわせ、鍛え上げて初めて価値が生まれる。「節度」をめぐる議論は、市民とマスメディアが主導しなければならない。他人任せにしてはいけない。

司法をもっと信頼してもいいのではないか、という意見もあるかもしれない。もちろん信頼は必要だろう。しかし判断を預けるのは反対だ。国政へのデモを「ヘイトスピーチ」と司法判断される事態を想定すれば、公権力頼みの姿勢がいかに危ういかは明らかである。

メディアの役割は報道することである。と同時に、対立する意見を同じテーブルに乗せるのも今日では大切な役割といえる。宗教やナショナリズムがからむ難題の場合は特にそうである。メディアは対話のテーブルを用意し、意見の異なる当事者とともに議論の席に座らなければならない。そして歩み寄れる着地点を一緒になって探らなければならない。もちろんみずからの立位置も問われるだろう。

『シャルリー・エブド』についていうと、じつは抽象的な論議をする前に知りたいことがある。彼らの編集部に、イスラム系フランス人はいたのだろうか。編集部員の身内にイスラム教徒はいたのだろうか。国民の10%近くがイスラム系のフランスで、編集部員にも身内にもイスラムが1人もいないのであれば不自然である。いたのに何の議論も起きなかったとしたら、これもまた不自然である。

大学にもある不寛容の空気

ヘイトスピーチとまではいかないが、不寛容の空気は大学にもある。講義の中でアジアの問題を取り上げ、レポートを書かせると、反韓、反中の言葉をためらいなくつづる学生が、100人のクラスで数人はいる。韓国、中国には距離を置きたいと書いてくる学生であれば、半数近くいる。

 社会全体がそれだけ隣国への不信感を募らせているということの表れである。教員の立場からすると、やっかいな事態かもしれない。しかし、反韓、反中を口にする彼らの意思表示を封じても、問題は決して解決しない。大切なのはやはり同じテーブル、同じ教室で議論することだろう。

幾度かの経験を経て、分かったことがある。それは憎悪の言葉をつづる学生も、面と向かって話をすれば、じつに素直で、穏やかな若者が多いということである。「ヘイトスピーチ」のメンバーもおそらく、多くはごく普通の市民に違いない。それは一つの救いであると同時に、問題の根深さの表れでもある。

ディスカッション……………………………………原　寿雄／阪井　宏

吹き荒れるナショナリズム

阪井　ナショナリズムの嵐が世界各地で吹き荒れています。海外ではイスラム過激派によるテロ事件、右派の過激集団によるヘイトスピーチ、極右政党の躍進が大きなうねりとなっています。国内でも「朝鮮人を殺せ」「日本から出ていけ」などと過激な言動を繰り返すデモが2、3年前からエスカレートしています。国内には、このような人種差別を法律で取り締まるべきだという見方と、法律の力で排除すると表現の自由までが脅かされるという慎重な見方があります。この問題について、原さんはどうお考えですか。

原　明白で差し迫った脅威を与えるような言論が、表現の自由として保障されるというのは行き過ぎだろうな。ただ、その範囲、限界が微妙なだけに、ヘイトスピーチを法で規制するのは慎まなければならない。しかし、在特会のヘイトスピーチを伴うデモが、相当な脅威を当該の在日の人びとに与えていることも事実だ。当面は京都地裁の有罪判決のように、司法の判断にゆだねる道もあるだろう。ヘイトスピーチへの反論の場と機会を社会的に保障することや、ジャーナリズムがそのための場を積極的に提供することも不可欠だろう。

阪井　国内メディアの動きとしては2014年、従軍慰安婦報道の誤報への対応を誤った朝日新聞が猛烈なバッシングにさらされました。ネットや週刊誌だけでなく、一部の全国紙までが「朝日をつぶせ」といわんばかりのキャンペーンを始めました。朝日をたたけば売れる、との読みが、週刊誌にも全国紙にもあったのでしょう。しかし、週刊誌の激しい凋落傾向は相変わらず危機的です。全国紙も朝日に限らず部数が激減しています。むしろ朝日攻撃が新聞界全体への不信につながってしまったようです。朝日の従軍慰安婦報道への対応と、メディア全体の一連の反応をどうみていますか。

原　読売や産経はこれまで、イデオロギーの面でもリベラルな朝日と対立してきた。日本の侵略を認めようとしない歴史修正主義の点でも、朝日との対立は激しい。その朝日が誤報を認め、慰安婦記事などの一部を取り消した。両紙はライバルをやっつける好機ととらえ、バッシングの先頭に立ったが、あまりに火事場泥棒的な醜いやり方と批判されて、バッシングのトーンを下げざるを得なくなった。記事の相互批判は大いに歓迎したいが、品格や節度が守られる範囲でなければならない。今回の朝日たたきは明らかに行き過ぎで、下劣なリベンジ行為だった。

市民の中のナショナリズム

阪井　郷土や国を愛することは悪いことだとは思いません。ふるさとへの愛着や、日々の暮らしを共有する者への共感は、むしろ自然な感覚です。ただそれが少数者への排他的な思考につながる動きには警戒しなければなりません。政治家や中央官庁は市民から税金を預かり、国の運営を託されます。メディアは市民の側にたち、政治家や行政の仕事を見張るのが最大の使命です。しかし市民とともにあろうとするメディアは、ナショナリズムの嵐に弱い。嵐の渦に引きずり込まれてしまう。戦前のメディアも、まさにそうだったと聞いています。

原　非戦派メディアの歴史的事実を詳しく調べたことがないので、今ここで具体的な証拠をあげることはできない。ただ、日支事変（盧溝橋事件）が起きた1937年7月の日本社会は31年の満州事変（柳条湖事件）以来の準戦時体制が進み、すでに戦争に批判的な声をあげることもできない社会ムードになっていた。情勢に消極的な見方を示すことさえ非国民呼ばわりされる時代だった。人々は監視の目を恐れ、口を閉ざしていた。

阪井　市民のためにあるべきメディアは、市民がエネルギーの主体となるナショナルな動きにどう向き合えばよいのでしょう。歯止めをかけるのはあきらめるしかないのでしょうか。

原　人間復興のルネサンスを経験していない日本社会は、個人主義が確立しないまま近代から現代に至っている。今からでも公教育を軸に、真の個人の尊重を育成するためにできるかぎりの努力をするほかない。個人主義が未確立なままでは、真に自由な民主主義は実現しないのではないか。

阪井　新聞、テレビはナショナリズムの嵐に向き合えると思いますか。ネット社会は既存メディアの弱点を克服できるでしょうか。原さんはどのような代替メディアの登場を期待しますか。

原　最後はやはりパーソナルメディアに期待するほかない。ネット社会の負の側面が目立つのは、日本社会が未だパーソナルメディア時代にふさわしいパーソンを育成し得ていない反映とみるべきだろう。ネット時代の可能性は今や否定できない。現状の中から相互批判をしながらパーソナルメディアのプラス機能を増大していく。そのための時間が必要だろう。

現場から

「分からない」と書く勇気を

［元ＮＨＫ］永島　啓一

永島　啓一（ながしま・けいいち）――１９４５年、京都府生まれ。東京外国語大学英米語学科卒、１９６９年ＮＨＫ入局。米国派遣留学。報道番組部でＮＣ９、国際局で海外放送を担当。東京ハイビジョンに出向し、国際共同制作番組部長としてドキュメンタリー番組制作。解説委員室チーフプロデューサーののち、２００１年からＮＨＫ放送文化研究所主任研究員。玉川大で８年間、非常勤講師を務める。

かつて米国ジャーナリズムは、世界の報道関係者が仰ぎ見る存在だった。ウォーターゲート事件、ペンタゴンペーパーズ事件での記者たちの活躍はじつにまぶしかった。その印象が2001年の同時テロで一変した。米国メディアは愛国報道一色に染まった。ナショナリズムへの警戒こそが、同時テロから学ぶべき教訓だろう。そう思って、米国の事情に詳しい永島さんを訪ねた。指摘されたのは意外にも、発表情報は裏をとって報道する、という基本中の基本ともいえる動作の大切さだった。

強烈なアメリカの愛国心

——永島さんの著書『アメリカ「愛国」報道の軌跡』（2005年、玉川大学出版部）の「あとがき」には、米国ジャーナリズム研究機関とコロンビア大学が2000年末に定めた「倫理綱領」が紹介されています。「すぐれたジャーナリズムが目指すべき9項目」として「真実への責務」「取材対象からの独立」などをあげています。その内容に異論はありません。ところが翌年9月11日、同時多発テロが起きると世論は激しく燃え上がり、マスコミも愛国報道一色になりました。「真実」も「独立」もまるで棚上げです。アメリカの愛国心、ナショナリズムの強さを思い知らされました。

永島　9・11直後のアメリカのナショナリズムの高まりは、日本人の感覚では想像も理解もできないでしょう。アメリカの愛国心は建国の理念と一緒です。大統領選にしてもそうです。共和党と民主党が批判合戦を繰り広げますが、言っていることの根っ子は同じ。アメリカニズム（アメリカ主義）の競い合い、つまり「愛国合戦」です。結局それは、建国の理念の解釈の違いでしかありません。

——アメリカへの愛はすなわち、正義はアメリカにあるとなります。その信念に疑いの余地はないのですね。

永島　正義はつねにアメリカの側にあるのです。アメリカの戦争は正しい。自由、正義、民主主義というアメリカの基本理念に、疑う余地はない。この理想を世界に広げるためには戦争も辞さない。いわば「積極的世界介入主義」です。党派を超えて、多くの国民がこの信念を共有している。オバマ大統領は介入に消極的ですが、国民の抱くこの基本理念は揺らいでいません。

政府発表をうのみ

――9・11の同時多発テロで国全体が愛国意識を燃やし、メディア界も一体となってイラク戦争に突き進みました。その根拠の一つはイラクが大量破壊兵器を所持しているとの情報です。しかし実際にはなかった。誤報だった。米国政府はなぜ、ありもしない大量破壊兵器を「ある」としたのでしょうか。メディアはなぜ誤報をうのみにしてしまったのでしょうか。あまりにも激しいナショナリズムのせいか。それともほかに理由があったのでしょうか。

永島　「大量破壊兵器」の問題について、米国の独立調査委員会は、情報機関の誤った情報を政府が信用してしまったせいである、と結論づけています。政権内部から情報機関に圧力があったのではないか、との指摘には「調査の範囲外」として触れていません。大量破壊兵器の問題はナショナリズムの脅威よりも、むしろ「メディアが政府発表をうのみにしすぎた」点のほうが重要です。つまり検証ができなかった。その根底にあるのはジャーナリストの功名心、スクープ主義です。スクープを放ちたいという気持ちが、政府発表をノーチェックで記事にさせた。発表内容への検証の甘さと、その背後にあるスクープ主義が誤報の二大要因だとニューヨーク・タイムズも総括し、過ちを認めています。

――著書の中でも、分からない点、裏を取れない点は、堂々と「分からない」と報じるべきだ、と書いていますね。

永島　これはとても大切なことです。大量破壊兵器の有無を検証する作業は非常に専門的で、マスコミには見極めがとてもむずかしい。あの時マスコミはなぜ発表報道に流されることなく、「ここから先は分からない」と言えなかったのか。分からないことを「分からない」といえばよかったのです。しかし記者の功名心も手伝って、政府発表やリーク情報を裏をとらずにスクープした。

――科学書などを読むと、ここから先は分からない、判断が分かれる、といった記述にぶつかることがあります。メディアも裏を取れない発表情報を垂れ流すのでなく、分からないことは分からないと、正直に書くべきだということですね。

永島　そのとおりです。しかし、政府が発表しているから書いておこう、となる。「財務省によると」「外務省によると」とクレジットをつけておけば、発表内容の責任は向こうにあると考える。本当かどうかは確認しません。大変だからです。でも裏を取れないものを報道していては、「大量破壊兵器」の過ちが繰り返される。大問題です。

――9・11以後の状況をご覧になって、21世紀のジャーナリズムはナショナリズムを超えられるとお考えですか、それとも同時多発テロの時のように非力であるとお考えですか。

永島　きわめて重要な問題です。ただ私はジョセフ・ナイさんのソフトパワー論を支持します。現代はもはや弱肉強食のパワー・ポリティクス（権力を背景に国益を追求する政策）の時代ではなく、ソフトパワー、つまり国際世論が力をもつ時代です。地球のどこで起きた出来事も、たちどころにネット経由で世界を駆けめぐる。そうなると国際世論の力は決してあなどれない。ウクライナの内紛にしても、ロシアの動向は世界の津々浦々に流れる。軍事力による強硬手段はそう簡単にとれません。しかも政府批判を取り締まっても、不満や反発は世界中に拡散する。抑えようがない。これはもう、ナショナリズムを超えています。そんな理由から、私はナショナリズムの暴走についてはむしろ楽観的です。国際世論の力を信じたいと思います。

第2章
戦争報道に正義はあるか

トークショーで話す戦場カメラマンの渡部陽一さん。ベレー帽とヒゲ、特徴のある語り口で子どもたちの人気を集めた＝２０１１年１月、佐賀市（写真提供＝朝日新聞）

講　義

人気の「戦場カメラマン」

つい最近まで、一人の戦場カメラマンが子供たちに大人気だった。ベレー帽に口ヒゲ。独特な語り口で茶の間をわかせた渡部陽一である。1972年生まれ。命がけの危険な職業なのに、そんな殺気を感じさせないキャラクターがうけ、知名度が一気に高まった。ひところは小学生たちに「将来やってみたい職業は」と聞くと、「戦場カメラマン」と答える子がけっこういた。

2015年2月、一人のジャーナリストが殺された。後藤健二(47)。日本人の友人を助けるために中東入りし、イスラム過激派組織「イスラム国」(IS)に捕らえられ、処刑された。渡部と同じく長年、ビデオカメラを手に紛争地を駆け回り、報道してきた。カメラを向けたのは、戦争や紛争で犠牲になる一般庶民、特に子供たちである。

後藤ら二人の解放条件として、「イスラム国」は2億ドル(236億円)の身代金を日本政府に要求した。こう着状態が続く中、早期救出を願う声の一方で、「自分で勝手に行ったのだから自業自得」とする自己責任論が噴き出した。救出への協力を訴える母親に対し、バッシングを浴びせる報道もあった。戦場カメラマン人気はいつの間にか消えてしまった。

渡部も後藤も、新聞やテレビに所属するジャーナリストではない。なぜフリーの記者があえて危険な取材に挑むのか。そもそも、なぜそのような報道が必要なのか。我々は、渡部が茶の間の視聴者に語ってこなかった戦争報道の裏面に目を向けたいと思う。

戦場取材はどれだけ危険か

とても深刻な報告がある。世界新聞・ニュース発行者協会（WAN－IFRA、本部＝フランス・パリ、ドイツ・ダルムシュタット）は1992年以降、約1200人のジャーナリストが職務中に命を落とし、このうち742人は殺害された、と発表している（2015年3月4日付『朝日新聞』）。22年間で1200人。年間50人あまりが犠牲になっているという計算である。

また、国際ジャーナリスト連盟（IFJ、本部＝ベルギー・ブリュッセル）のホームページには、戦闘地域で殺害されたジャーナリスト一人ひとりの名前、出身、国籍、殺害時の状況がまとめられている。日本人ジャーナリストの名もある。2004年から2012年までに、5人の日本人ジャーナリストが殺された（2004年5月：橋田信介・小川功太郎＝イラク、2007年9月：長井健司＝ミャンマー、同10月：村本博之＝タイ、2012年8月：山本美香＝シリア）。山本は内戦状態のシリア北部アレッポで戦闘に巻き込まれ、死亡した。

独立系通信社ジャパンプレスに所属する山本（45）は、同社代表の佐藤和孝とともに、反体制派武装組織に同行して取材中、十数人の政府系民兵に銃撃されたとみられる。山本は首を撃たれ、ほぼ即死だった。佐藤は逃げて奇跡的に無傷だった。

社員の犠牲恐れるマスメディア

21世紀に入ってから、戦争・紛争地取材で命を落とした日本人ジャーナリストには二つの共通点がある。一つはビデオカメラを手に、危険地帯に踏み込んでいく映像ジャーナリストばかりであるということだ。

記事は安全な場所でも書ける。しかし映像はごまかしが効かない。当然、危険を覚悟の上で、最前線へと向かう。命がけの戦争取材は映像ジャーナリズムの宿命である。

もう一つは、一人を除く全員がマスメディアに属さないフリーランスのジャーナリストであるということだ。例外の一人はロイター通信カメラマンの村本。つまり、犠牲者の中に日本の新聞社、テレビ局に所属するジャーナリストは一人もいない。これはいったいどういうことなのか。

歴史をさかのぼってみよう。半世紀前のベトナム戦争（１９６０〜75年）を振り返ると、ベトナム・インドシナでの戦争取材では15人の日本人ジャーナリストが亡くなった。大半は国内の新聞社、テレビ局に所属する記者、カメラマンだ。日本のメディアは多くの犠牲者を出した。それだけでなく、日米両政府から激しい攻撃、圧力を受けた。戦争報道をめぐって全国紙の編集局幹部の首が飛び、著名なテレビキャスターが番組から引きずり下ろされた。犠牲は大きかった。しかし欧米メディアを圧倒するほどの深く切り込んだ報道が国際的にも高い評価を受けた。

ベトナム戦争終結から16年後の１９９１年6月。長崎県の雲仙普賢岳で大火砕流が発生した。時速１００キロもの速さで山の斜面を駆け下りてくる高温のガスによって、報道関係者16人を含む計43人もの犠牲者が出た。記者たちの足となったタクシー運転手、過熱取材に振り回された消防関係者らも命を落とした。「噴火報道の取材合戦にひきずられ、多くの市民が犠牲になった」と、メディア批判が一気に高まった。

さらに12年後の2003年3月、イラク戦争が勃発した。反米感情が極度に高まるファルージャで翌年4月、ボランティア活動などを目的にイラクに入った日本人の若者3人が武装勢力に誘拐された。犯行グループは同国サマワに駐留する自衛隊の即時撤退を人質解放の条件として突きつけた。3人の家族も自衛隊の撤退を政府に迫った。間もなく国内では、3人とその家族に対するすさまじいバッシングが始まった。「拘束されたのは本人たちの自己責任」として、官民あげて3人と家族をたたいた。数日後、3人は解放された。冷たい視線にさらされながら帰国した3人は、まるで罪人であるかのように報道陣のフラッシュを浴びた。

雲仙普賢岳での大災害と、イラク日本人人質事件。この二つの出来事をきっかけに、日本のマスメディアは戦地や紛争地、被災地のような危険を伴う現場に自社の記者を送り込むことに極度に慎重になったように思う。「国が認める範囲内での取材」という暗黙のルールを守らないと、ひとたび何かが起これば、政府からも国民からも激しいバッシングを浴びる。その恐怖心が新聞・テレビの報道幹部を萎縮させていったのではないか。

取材上の安全を確保するのはメディアとして当然である。しかし日本のメディア、特にテレビ局は自社の社員を派遣する代わりに、フリーランスの記者、カメラマンと契約し、彼らを危険な現場取材に送り込むようになった。フリーのジャーナリストたちも、活躍の場が欲しい。双方の利害が一致し、互いに利用し合う関係が当たり前になっていった。

山本が命を落とした今回のケースも、公式的にはジャパンプレス側が日本テレビに提案し、実現した取材という形になっている。山本らの「自己責任」による取材活動という意味である。ただ、資金面を中心に、日本テレビが今回の取材プランに深くかかわっていたのはまちがいない。

山本の死に対し、日本テレビは「所属するジャパンプレスの判断で現地に入り、取材を続けていた」とコメントしている（2012年8月21日付『朝日新聞』）。哀悼の意を表しつつも、コメントには「山本の死は日テレの責任の範囲外」とのスタンスが透けて見える。

山本の死を受け、海外特派員の経験があるTBSキャスター、金平茂紀は新聞コラムの中でこう問題を提起している。「欧米の取材現場をみてきた経験から言えば、日本は『フリーが現場、社員が本社』という配置が極端に行き過ぎてしまっている」（2012年9月9日付『毎日新聞』）。日本テレビの元解説委員で、山本とともに紛争地を取材した経験がある現法政大教授の水島宏明もこの構造を「マスコミの欺瞞」と断じ、次のように批判する。「取材者の命が何よりも優先と考えるのなら、『社員』が退避している間に『フリー』の人が現地入りすることをなぜ各社は認めるのだろう」（『Journalism』2012年11月号、朝日新聞社）。

海外でもフリー記者を活用

金平は、欧米の戦場取材は日本ほどフリー任せではないという。水島も紛争地取材が得意な英国ＢＢＣ放送の記者の存在を紹介している。しかし近年はだいぶ事情が変わっている。危険な戦争取材をフリーに丸投げする欧米メディアの傾向をニューズウィークが特集している。経費節減を図るメディアがフリーランスに戦場取材を頼るため、多くの若いフリージャーナリストが十分な準備もないまま紛争地帯へ向かっている、という告発である。みずからもフリー記者である筆者は怒りを込めて実態を暴露する。

「テレビも新聞も経費節減のため、世界各地に特派員を常駐させる代わりにフリーの記者を使うようになっている。中東で連続して起きた『アラブの春』はこの傾向を加速させた」「（フリー記者は）特派員なら会社から支給されるはずのヘルメットや防弾チョッキ、衛星電話も持たず、保険にも入っていない場合が多い。」（セーラ・トポル「戦場で使い捨てされる若きフリー記者たち」、『ニューズウイーク　日本語版』２０１２年11月７日）

使い捨てにされるフリー記者、戦場カメラマン。彼らをどう守ればいいのか。トポルは二つのアイデアを提案する。一つは編集者の自己規制案だ。危険な紛争地に入るための十分な準備をしたジャーナリストの記事しか採用しないよう、編集者が一線を引くルールを作ってはどうか、という指摘である。もう一つは、メディア側が基金を設立し、フリー記者の費用負担を支えるという案。保険への加入費用や防弾チョッキのコストなどをカバーする仕組みがあれば、危険すぎる状況を多少なりとも改善できるのではないかとの読みである。しかしいずれの案も、実現の見込みはかなり薄いと言わざるを得ない。

フリーランスの置かれた状況は、欧米も日本も大同小異である。自分の組織に所属するジャーナリストを使わず、フリーランスに危険な戦場取材を任せる傾向は、おそらく今後もさらに進むだろう。それは安全第一の取材方針とは言えない。安全に対して金のかからないフリーランスを、安く効率的に使う仕組みである。これではフリーランスに対する人権の軽視というほかない。

戦場取材をフリーランスに丸投げすることから生まれるもう一つの問題がある。それは当の報道機関の取材力低下である。フリーランス任せを続けていると、報道機関には戦場・紛争地取材のノウハウがほとんど蓄積されない。それだけでなく、戦場・紛争地で何が起こっているかを深く理解する機会も奪われる。取材力が落ち、報道の質もあやしくなっていく。

フリーランスに対する人権上の問題と、報道力の弱体化。多くのマスメディアにとって、どちらもきわめて深刻な事態のはずである。しかしメディア内部からはこの問題を危惧する声はほとんど聞こえてこない。

戦争報道に正義はあるか

戦争報道にはさらに別の倫理的難題がある。「正義」の問題である。

シリアで殺害された山本は「戦場ではつねに、弱い立場の女や子供が戦闘に巻き込まれ、犠牲になっている。その現状を世界に告発したい」との信念をもっていた。早稲田大での講演では「報道で本当に戦争を食い止めることができるか」という学生の問いに、山本は「できる」と言い切っている（2012年8月23日付『毎日新聞』）。使命感に燃えた山本の発言には敬意を表したい。しかしその一方で、山本が同行した反政府組織の側だけに正義があるかのような当時のメディアの論調には、違和感を抱いてしまう。

山本が命を落としたシリアでは2015年現在も、政府軍と反政府軍の間で激しい戦闘が続いている。これに冒頭の「イスラム国」（IS）がからみ、ますます混沌としている。政府軍と反政府軍、どちらの側に正義があるかとなると、これは「分からない」と答えるほかない。現政権にも反体制派にも政治的思惑はある。そして周辺各国もまた自国の利害と照らし合わせ、どちらかと手を結んだり、縁を切ったりする。国際政治の世界には無数の正義がうごめいている。

武器を手にとるものは、だれもが正義のための戦いであると信じている。シリアでいうと、反体制側だけでなく、政権側にとってもこれは聖戦である。そんな政府側兵士の目に、反政府勢力とともに行動する山本のような海外ジャーナリストがどう映るか。政権側への攻撃材料を撮り集め、世界にばらまく敵対勢力の一人。そう見られてもしかたがない。

もちろんジャーナリストは国際法のジュネーブ条約で「文民として保護される」と規定されており、攻撃してはいけない対象である。しかし戦闘が激化している紛争地で、その規定が正しく守られる保証はない。特にジャーナリストが一方の軍隊に従軍して前線取材に入れば、敵軍にとっては攻撃対象と一体である。

従軍取材といえば、ベトナム戦争でメディアコントロールに失敗したアメリカは、湾岸戦争（1991年1月開戦）では「プール」とよばれる代表取材制度を導入した。従軍させる記者を130人ほどに絞り込み、報道を事前検閲することでメディアを操る手法である。さらにイラク戦争（2003年3月開始）では世界から集まった600人ものジャーナリストを各部隊に同行させる「エンベッド」（埋め込み）取材方式を実施した。記者はまさに軍と一体になる。友軍との密着度がここまで高まると、冷静な目で戦闘を報道するのは至難の業である。

戦争報道は何のためにするのか。山本は、戦争そのものの愚かさ、弱者に犠牲を強いる戦争の本質を告発しようとした。そんな彼女の戦争報道も一つの正義である。しかし最前線の向こうには、まったく異なる正義があるということも、我々は忘れてはならない。

国籍がじゃまになる

ところで戦場における正義の問題を考える場合、どうしても避けて通れない問題がある。個々の記者の国籍と国家意識（愛国心）の関係である。

ピーター・アーネットという著名な戦場ジャーナリストがいる。1960年代、AP通信記者として数々のスクープを放ち、66年にベトナム戦争報道でピューリッツァー賞を受賞。81年に米CNNに移籍した。CNN時代の湾岸戦争報道（91年）は見事だった。バグダッドに一人で残り、間もなく始まった米軍の一斉攻撃を実況中継して世界を驚かせた。

その後、アーネットは米四大ネットワークのNBCテレビと契約。ところがイラク戦争開戦直後の2003年3月、アーネットは敵国側のイラク国営テレビに出演し、「米国の戦争計画は失敗」と発言。NBCは当初、アーネットを擁護したものの、自国の判断を批判する姿勢を「耐え難い利敵行為」とみなす世論の反発に抗し切れず、のちにアーネットとの雇用契約を解除した。

アーネットの一件は、国籍のあるテレビ局、ジャーナリストの限界を浮き彫りにした。同時に、戦時にあってもメディアは自由な報道ができるかどうかを考える際の、非常によいケーススタディとなった。そしてNBCは「できない」と結論づけた。

ところがここで興味深い展開が始まった。NBCの解雇と同時に、英大衆紙『デーリー・ミラー』をはじめ、ギリシア、ベルギーのテレビ局がアーネットとの契約を結んだのである。西側メディアだけではない。アラブ首長国連邦（UAE）のテレビ局・アルアラビアまでが彼のレポートを放映すると表明した。アルアラビアの報道局長はAPの取材に対し、「彼（アーネット）はイラクをよく知っている。偏見もなく、経験が豊富だ」と答えている。NBC解雇後も、アーネットは一報道者として戦場の事実を伝え続けた。

過去を振り返ると、戦時下のメディアはほとんどが国家体制と一体だった。「祖国の報道機関であれば国民とともに敵国と戦うのが当然」という論法がまかり通ってきた。メディアやジャーナリストは国籍があるがゆえに、戦時にあっては自由な報道を放棄せざるを得なかったのである。

国を超えて活躍する多国籍記者集団を抱える。これがメディアにとっては、戦時体制下にあっても国益にしばられない報道に徹するための最良の方法だろう。その際、個々の記者に最終的に求められるのは、「みずからの国籍を捨てる」という覚悟である。

多重国籍が認められない日本で、これをやるのは容易ではない。「おまえにそれができるか」といわれると、正直に言って即答できない。愛国心の薄い人間ではあるが、郷土愛はある。友人、知人の暮らす祖国に背を向けることは、口でいうほどたやすくはない。

君たちはどうだろうか。戦時下にあって一人の自立したジャーナリストとして生きていくために、あるいは自由を愛する一市民として胸を張って暮らすために、国籍を捨てる。そんな覚悟を持てるだろうか。

ディスカッション……………………原　寿雄／阪井　宏

戦争と正義

阪井　戦争報道は非常にむずかしいですね。メディアはそもそも、正義の戦争と不正義の戦争をどう区別したらよいのでしょうか。

原　戦争をするときには、すべての国が自国の正義を主張してきたと言えるのではないか。「平和のための戦争」「正義のための戦争」とお互いに言い張る。戦争報道に中立客観的な報道は不可能ではないか。

阪井　一国内の内戦でも、お互いに自分のほうに正義があると主張します。戦時下にあっては、メディアが正義を追い求めること自体、意味のない行為なのでしょうか。

原　いや、植民地や旧宗主国のコントロール下にある地域が独立するために戦う場合がある。これは正義の戦争といえるのではないか。外国からの侵略に抗して戦う時も正義の戦争といえるだろう。

阪井　たとえばシリアの内戦はどうでしょう。２０１２年8月、フリージャーナリストの山本美香が取材中に銃撃され、亡くなりました。政府側民兵の犯行ではないかと言われています。山本は反政府陣営に同行し、紛争取材をしていた。シリアの政府側にしてみれば、山本は突然海外からやってきて、自分たちの正義を脅かす反政府陣営に勝手に加勢し、けしからん情報を世界にばらまく存在です。正義と正義のぶつかり合いである戦争を、ジャーナリストは一方に利用されることなく取材し、報道することができるでしょうか。紛争地にあって、真の正義を追求する報道は可能でしょうか。

原　自国の戦争の正義を疑って批判するジャーナリズムはめったにない。新聞が自国の戦争に反対したという歴史も、皆無に等しい。それぞれの国が国益に反する言論表現を取り締まる法規をつくる。そのようにして手足を縛られた新聞は戦争以前に政府によって息の根を止められてしまう。山本は自分では国籍を意識せずに映像を撮っていたと思う。だが、シリア政府の側から見れば、我々に批判的な自由主義陣営から来たジャーナリストが利敵行為をしている、とにらむのがきわめて自然だろう。敵視して見るだろう。

阪井　あの事件のあと、山本とともにシリア入りしていた佐藤和孝は山本の遺志をつぎ、山本美香基金を始めました。志のあるジャーナリストを応援する、とても意義のある試みです。ただ、紛争地取材に体を張った山本の遺志をうけるのであれば、もう一歩踏み込むべきかもしれないと僕は思います。たとえば国籍を超えたジャーナリスト活動を支援する組織づくりをめざしてはどうか。紛争地取材はどうしてもどちらかの陣営に所属しないとできません。これではつねにどちらかに狙われる存在になってしまう。報道の独立も脅かされる。多国籍企業が国境を超えたビジネスを展開する時代に、国籍にしばられたジャーナリスト活動はすでに時代遅れではないかと感じます。

相対化する国籍

原　そうだよ。国籍がフィクションになる時代が来ているんだよ。だいたい国籍などに縛られていては自由に商売できないじゃないか。

阪井　戦争を望まない多国籍なスポンサーを募り、国籍を超えたジャーナリズム組織を応援してもらうのはどうでしょう。「戦争は割に合わない」という共感を得られれば、組織を維持していけるのではないか。そのような組織づくりを基金の目標にしてはどうでしょう。

原　ただ、今のアメリカは、戦争請負業がビジネスとしてあれだけ発展してしまっているというのが現実だ。ビジネスの世界には、平和のほうが仕事をするうえで都合がよい、と必ずしも言えない空気がある。それをジャーナリズムがリードし、変えていく必要がある。グローバリズムは、いってみれば無国籍ビジネスだ。無国籍人民であることをみんなが自覚し、胸に「無国籍バッジ」をつければいい。その中で、無国籍ジャーナリスト集団の組織化を図る。無国籍記者クラブのようなものをつくってはどうだろう。

阪井　その無国籍記者クラブの活動を、まずは戦争報道でやろうじゃないか、ということですね。とりあえず、無国籍記者クラブに所属しないと戦争取材はできない。安全が保障されない。無国籍バッジをつけている記者には、対立する双方とも手を出せない。そういうシステムがたしかに必要な時代が来ているように感じます。ただ、そうなると無国籍記者クラブ集団と国籍のあるメディアとの間に亀裂が生まれるかもしれません。

原　それはあるかもしらんね。しかしさまざまな分野でグローバル化がすすむ現状を考えると、メディアが無国籍化していく流れはおそらく止められないだろう。

何のための戦争報道か

阪井　最後に、戦争報道は何のためにするのか、という根本の問題についてうかがいます。私としては、まず真っ先に浮かぶのが、戦争の悲惨さを伝えることです。多くの戦場ジャーナリストも同じはずです。ただし、紛争当事者のどちらか一方の側から報道するのではなく、紛争によって傷つき、苦しむ、双方の弱者の側に立つという考え方です。つまりAとBが戦っているとしたら、A、B、双方にいる弱者のためです。この考えをさらにすすめると、我々は結局どのような世界を理想とすべきなのか、というきわめて倫理的な問題に行き着きます。

さまざまな考え方があると思いますが、僕は「丸腰で生きる覚悟」への連帯を、世界の市民に呼びかけることではないか、と思っています。憲法9条の精神です。赤十字国際委員会は七つの活動原則を掲げています。人道、公平、中立、独立、奉仕、単一、世界性です。これに非戦、つまり武力を紛争解決の手段にしない社会をめざす、という原則を加える。この旗の下、戦場ジャーナリストは活動する。紛争当事者双方に手出しをさせない。ペンとカメラを持った「赤十字」です。理想的過ぎるでしょうか。

原　まず戦争報道とは何か、何を戦争報道と呼ぶかを考えてみたい。一つは君のいう戦場報道だ。戦場という目に見える場所での戦争の残虐さ、非人道性のリアリズムをみんなに知らせる。そして反戦世論を強めるために役立てる。これが一般的な戦争報道だろう。

そしてもう一つは、戦場では追及できないこと、つまり何のために行われている戦争なのかということを戦場以外で掘り下げる。政治や経済の場、軍の首脳部、政府の動きの中から探っていく。これもきわめて重要な戦争報道だ。

この双方から、どうしてこの戦争が起きたのか、何がねらいでどう行われているのかを追及する。そして場合によっては、メディアがある時点で「この戦争はまったく意義のない、インチキ戦争だ」と判断を下し、報道する。「不正義の戦争だ」「命を落とす価値のある戦争ではない」と結論づける。そのためにも戦場と戦場以外から迫る戦争報道が大事だと思う。

戦争報道というと、戦闘報道のほうに目が向かいがちだけれど、目に見えない事実、つまり謀議の段階の利害得失、狙いといったものを書かないと、戦争の本質に迫れない。そして、何のための戦争報道かも空論で終わってしまう。「正義の戦争はない」とする君は否定するかもしらんが、やはり現実的にはどこかで正義の戦争か、不正義の戦争かを、自分なりに判断しなければならない。その自問自答のために行うのが戦争取材ではないか。

現場から

人質事件を体当たり取材

［共同通信］原田　浩司

原田浩司（はらだ・こうじ）――１９６４年、福岡県北九州市生まれ。明治大学卒。１９８８年、共同通信社入社。本社写真部員として１９９６年、ペルー日本大使公邸人質事件で現地入り、大使館内でゲリラと人質の様子を取材、撮影。翌97年度の新聞協会賞を受賞した。２００１年にアフガニスタン紛争、２００３年にイラク戦争を取材。現在、ビジュアル報道局編集委員。

組織内ジャーナリストでありながら、豊富な戦場取材経験をもつ数少ないカメラマンである。1996年12月、ペルー日本大使公邸が大勢の人質とともに占拠された。膠着状態が続く中、ゲリラ側と交渉し、一人で公邸内に乗り込んだ。特大スクープ写真が世界を駆け巡った。しかし国内の一部メディアからは「ルールを破るな」の大ブーイング。「なぜ戦争取材を？」。乾いた声が返ってきた。「戦争を始めれば、こんな悲惨なことになる。その覚悟はあるか、と世界の人に見せつけるためかなあ」。

ペルー人質事件

――ペルー人質事件の時、「KYODO」と書いたプラカードを掲げて大使公邸に向かいました。その姿の写真が強く記憶に残っています。あの公邸取材はどのようないきさつで実現したのですか。

原田　取材計画は、すべて自分で考えました。当時、公邸内の様子はまったく分からない状態でした。であれば入るしかないな、と。ただし、僕はスペイン語ができない。そこで共同が現地で雇っていた通訳の日本人女性にゲリラ側へ送る取材依頼書の翻訳などをお願いしたのです。彼女も乗ってきて、二人でやることになりました。しかし、最終局面になって、彼女は、共同通信に雇われている身として、組織に告げずに取材に加わるのはまずい、と感じたのでしょう。直前になって、現場キャップに報告してしまったのです。

――えっ、それまでは現場キャップにも計画を伏せていたんですか。

原田　じつは、一人でやろうと思って周囲には伏せていました。こういう取材は、上層部に了解を取ろうとすると潰されてしまう。もともとはフリーランス志向だったので、いざとなれば共同を辞めればいいや、と腹をくくりました。ところが、計画を知ったリマ支局長が「原田はこういうのに慣れている。やってみよう」と了解したのです。驚きました。リマ支局長は元マニラ支局長で、僕がフィリピンをベースに海外を放浪していた学生時代からの仲でした。そんな縁もあり、ゴーサインを出してくれたのでしょう。

――本社の了解はとったのですか。

原田　計画そのものには了解を得ていましたが、実行の直前では、本社の責任者と連絡が取れず、現場判断で敢行せざるを得ない状況になりました。

――ゲリラたちはなぜ原田さんを受け入れたのでしょうか。

原田　大使公邸を占拠したのは、MRTA（トゥパクアマル革命運動）という左翼ゲリラです。スラムで食料を配布するなど義賊的な性格もあり、むやみに人を傷つけるのではなく、むしろメディアを宣伝戦で利用する組織であることは把握していました。結果として、実際の反応は予測した通りでした。これが、ペルーのもう一つの武装組織のセンデロ・ルミノソ（輝ける道）であったならば、判断はまったく違ったものになります。

――そのような事前情報もなしにやみくもに突撃すると、大変ですね。

原田　フォトジャーナリスト仲間に、桃井和馬という友人がいます。彼は、事件前からペルーに住み込み、MRTAの解放区に入りながらゲリラたちを深く取材していました。当時、日本のジャーナリストで、MRTAにもっとも詳しい人物だったでしょう。日頃から、彼の取材話をよく聞いていたので、MRTAが危害を加えてくることはないと確信しました。

――実際に公邸へ乗り込み、会ってみてどうでしたか。

原田　やはり、友好的でした。それまでにも、世界中の武装組織を取材してきた経験からしても、一見して幹部たちが知性を有する連中だと分かりました。そして、その下の若いゲリラたちは、貧困地区からアルバイトのようにして加わった、何も知らない素朴な子供たちでした。人なつこく、僕に話しかけてきたものです。逆に怖いのは、公邸を取り囲むペルー政府軍でした。荒っぽいやり口であることは知っていましたので、まちがって撃ってくるんじゃないかと。それが一番心配でした。

――特ダネ写真を配信し、世界のメディアが競って使いました。しかし国内メディアの一部からは大変なバッシングを受けましたね。

原田　異常でしたね。日本のメディアからの非難は強烈でした。逆に、日本以外のメディアからは、否定的な反応はほとんどありませんでした。ペルーの地元メディアのうち、政府系や軍人が読むような新聞の3割ほどが批判的だったくらいです。現地では、赤ん坊を抱いた母親たちが「この子を抱っこしてやってくれ」と頼んできたり、レストランに行けば拍手で迎えられ、「あいさつしてくれ」とマイクを渡されるほどでした。

日本のメディアの主な批判理由は、①ゲリラ側の宣伝に加担した、②取材ルールを守らなかった、③人質の命を危険にさらした、の三つです。「宣伝に加担した」と非難した新聞、テレビは、政府側の発表情報を右から左に垂れ流す自分たちの報道をどう考えていたのでしょう。ましてや、僕が公邸内で取材したものまで使って報じていたのですから、矛盾は明らかでした。

――社内にも批判的な声があったはずです。

原田　「とんでもないことをしてくれたね、原田君」という人もいました。ところが、当時の犬養康彦社長が社長賞を出すと支持を決めたことで、批判派の声が途端に変わりました。「とんでもないことを」と言っていた人が、一転して「原田君、よくやったね」と笑顔で寄ってきた時には笑ってしまいました。

――とはいえ、万が一、突発的に何かが起これば組織が責任を問われます。社会的な批判も覚悟しなければいけません。その心配を最小限にしたいと組織は考えます。コンプライアンス（法令順守）的な発想が社内に浸透しだすと、当然、報道現場にも危険な取材を避けようとするベクトルが働きます。

原田　組織としてはそうなのでしょうが、新しい事をやる時など、何事も踏み出す時にはリスクが生じるものです。その想定するリスクと効果を秤にかけた時、効果が重ければやるしかない。最後は自己責任だと考えます。「自己責任」という言葉は、イラクの人質事件以来、悪く使われすぎていると感じます。僕の場合、悪い結果が出れば、自分で引き受ける自由もあるはずと考えますし、妻にもそう言っています。まあ、共働きですから、僕が職を失っても何とかやっていけるだろうと話し合っています。

事実の提供が原点

――取材者の立場についてうかがいます。自分の国と他国とが、緊張関係にあるとします。たとえば尖閣諸島のような問題をめぐってです。その際、他国の政府から従軍取材を認められた。他国の船に乗り込み、取材を進めるうちに、一触即発の状態になってしまった。他国の側からの攻撃が今にも始まりそうな状況ですね。その時、自分の国を攻撃する他国のアクションを取材しますか、しませんか。つまり紛争を取材するジャーナリストにとって、みずからの国籍は取材活動にどう影響するとお考えですか。国益に反する出来事を、取材者はどのような視点に立って報道すべきなのでしょうか。

原田　むずかしいですね。尖閣諸島取材では保守系政治団体の船に乗って取材しています。他国側の船でも、機会があれば取材することもあり得るでしょう。報道は、しないよりはしたほうがいい。でもつらいでしょう、自国の側に何とか教えたいと思うでしょう。でもそれができないのであれば、取材を続けるしかない。放棄するよりも、続けたほうがいい。愚かな戦争の歴史的記録を残すという意味でも。

国籍についていうと、僕はあまり意識していません。米国人の中には二重国籍のジャーナリストはたくさんいます。彼らはそれを便利に使い分けます。ふだんの取材はアメリカ国籍、でも都合が悪くなると別の国籍で動くと聞きます。日本では、二重国籍は持てないことになっていますが、ペルーのフジモリ大統領を日本人として保護したことで、事実上、二重国籍を認めたとも言えます。ただ、日本国籍はとても便利です。とてもイメージが良いので、敵対国がない。これはジャーナリストにとっても、すごくありがたいことですね。

――どのようなスタンスで戦争を記録したらよいのでしょう。

原田　事実の提供ですね。「戦争が起こったら、こんなにひどいことになります」「大勢の親族、友人、知人が亡くなります」と。そりゃもう戦場は悲惨ですよ。暮らしがズタズタになります。それでも戦争をする覚悟があるか。現実を隠さず、見せつける必要があると思います。事実の提供がとても大切です。逆にいうと、さまざまな理由をつけて隠すのはおかしい。現状に目をそらすことなく、どんな道を選択すべきか、読む人に判断してもらう。それが報道の役割だと僕は考えています。

——東日本大震災では2万人近い方が犠牲になりました。しかしその惨状を写真や映像にしていないメディアが少なくないと聞いています。今の報道基準では使えないからです。でもこの史実を百年後、二百年後に記録として残すメディアの役割からすると、責任放棄とも言えます。

原田　戦争報道でも災害報道でも、遺体の写真、映像を極力見せまいとする最近の傾向はとても問題があると思います。社会全体がそのような傾向にある。遺体写真を配信すると、クレームが来るのです。それも読者からではなく、配信先の新聞社から来たりする。「こんな残酷な写真をなぜ配信するんだ」と。そのたびに釈明書を書きます。これを続けていたら、面倒になって配信しなくなりますし、現場のカメラマンも撮らなくなります。かつては、それほどの制限はなかったのですが、ますますきびしくなっています。でも海外では違います。2013年の世界報道写真展のグランプリは、イスラエルの攻撃で死んだ子供2人の遺体を抱いて葬儀に向かう親の写真です。まず、日本のメディアには載らない写真でしょうね。

——記者を戦場へ送り出すメディアは、どのようなスタンスで記者を支えるべきでしょうか。

原田　記者にしっかり保険をかけ、もしもの時は家族の生活を保証することでしょうか。
イラク戦争の開戦時に、私たち共同の取材チームはいったんヨルダンの首都アンマンに引き上げましたが、空爆が始まったバグダッドに再び戻りました。
もともと、僕ら現場のチーム3人はバグダッドにとどまって報道するために、周到な準備をしていました。世界中のメディアが集まった、チグリス川沿いにあるパレスチナホテルに、米CNNについで2番目に眺望の良い部屋を確保していました。さらに、数ヵ月は持ちこたえられるだけの食料や飲料水を備蓄し、発電機や燃料も準備しました。ところが社の許可なしに入ったことで上層部が激怒し、記事も写真も出稿停止です。いくら本社に送っても使ってくれなくなるのです。

――（社の方針に）逆らうことは許されないのですね。

原田　どさくさに紛れて入り込む形でないとむずかしいです。会社は、離れた場所で指示しますから、よりきびしい判断を下します。危険であるかないかは、現地にいる人間が一番よく分かるので信頼して欲しいのですが、これが悩ましいところです。

危険の見極め

――イラク戦争では、ある程度安全を確保できると情勢判断し、バグダッドに戻ったということですか。

原田　イラク戦争のような大規模な戦争は、前線がはっきりしているので情勢を把握しやすい。そういう場所であれば、危険な戦闘地域はおおよそのラインを引けるのです。このラインを見極めれば、さほど危なくはない。ただし、現在のシリアのような内戦、特に市街戦は別です。どこからタマが飛んでくるのかが分からない。シリアで亡くなったフリーのビデオジャーナリスト・山本美香さんのケースは、防ぎようがない。内戦取材は、もう運の問題です。

——危険を最小限に抑える心構えというのはあるのですか。

原田　まず夜は行動しないことですね。それと現地の人と同じ動き方をする。地元の人が一番分かっています。ただし、戦争に慣れきってしまっている現地人は、危険にマヒしているのであまりアテにはなりません。イラクでは、空爆対象である大統領宮殿のそばに住む住民たちが、今まで大丈夫だったので今回も大丈夫だと避難しなかったため、爆撃に巻き込まれてしまうケースがありました。

——ニュースバリューにもよると思いますが、原田さんは戦場や紛争を取材するとき、何パーセント安全と判断したら前に進みますか。

原田　リスクと効果のバランスの中で判断します。イラク戦争はホテル周辺にいるかぎり、9割がた安全でした。7割がた大丈夫とみたら動き出すでしょう。戦場にかぎらず、他の取材でも同様ですが、リスクは絶対にゼロにはならないので、自分の経験で情報分析しながら、現場の空気を判断して動くしかないのです。

第3章
若者に戦争責任はあるか

サッカー・東アジア杯男子の日韓戦で、韓国応援団がスタジアムに掲げた巨大横断幕。「歴史を忘れた民族に未来はない」と書かれている＝2013年7月28日、韓国・ソウル（写真提供＝共同通信）

講義

高市氏の爆弾発言

戦後の日本は、先の大戦の加害国として、つねに戦争責任問題をかかえてきた。周辺諸国への謝罪は、政府にとって最大の懸案事項の一つだった。そんな中、1995年3月の衆議院外務委員会でも、戦後50年国会決議（謝罪決議）が論議された。そんな中、30代前半の高市早苗（当時新進党、現自民党所属、総務大臣）が、次のような爆弾発言をした。

「（栗山駐米大使はワシントンでの記者会見で）日本国民全体に（戦争への）反省があると決めつけているが、少なくとも私自身は（戦争の）当事者とは言えない世代だから、反省なんかしていない。反省を求められるいわれもない。」（1995年3月17日付『日本経済新聞』）

朝日をはじめ、多くのメディアが高市発言を批判した。しかし彼女の発言は、戦後世代から少なからぬ共感を呼んだ。賛同の声は、日中戦争の侵略性を肯定する人たちの間にも広がったという。

高市発言は、「戦争責任を問われても、自分たちには取りようがないし、謝罪もできない」と戦後世代が本音で語りはじめた最初の動きだったように思う。メディアの多くはこの発言の評価に戸惑い、結局、問題点を掘り下げることはせず、時がたって事態が沈静化するのを待つ道を選んだ。

「戦後世代に戦争責任はあるのか」。高市のこの問題提起は、じつはきわめて重要な倫理上の問題を含んでいる。にもかかわらず、新聞もテレビも真正面から取り上げようとしなかったのはなぜか。いったいどのような難題が背後に潜んでいるのだろうか。

帝国主義政策の誤り

この問題を考えるにあたり、アジア・太平洋戦争（1937～45年）とは何だったのかをふり返ってみたい。さまざまな解釈があるが、僕の近代史観をごく簡単にまとめると以下のようになる。

明治維新によって近代国家へと歩み始めた日本が、南下政策をとるロシアと対峙した。北からの脅威を和らげるため、日本はロシアとの中間に位置する朝鮮に、親日国家を誕生させようとした。その摩擦から日清戦争が起こった。さらに日露戦争へと続き、ポーツマス条約により満州南部の権益を獲得した。

ロシア革命後、ソ連の南下政策はさらに強まった。これに対抗するため、日本は朝鮮を併合し、満州に進出して満州国を独立させ、国際連盟を脱退する結果となった。満州事変がおこり、日本は太平洋戦争へと突き進んだ。つまり開国後の日本の最大の懸案は、南下するロシアをどう食い止めるかだったといえる。もちろん人口増に必要な領土＝植民地を求めたことも大きな要因の一つだ。

太平洋戦争へと連なる日中戦争を始めるにあたり、日本は「アジアの解放」を戦争の理由にした。欧米列強による帝国主義からの解放である。

たしかに、アジアは欧米の食い物にされた。アヘン戦争は、アヘンを売りつける英国に対し、国内の経済も社会もボロボロにされた中国（清国）が、アヘンの流入を禁じようとして始まった。中国は完敗。以後、アジアは欧米諸国によってつぎつぎと植民地化されていった。

そんな中、日本が掲げた「アジア解放」の精神は、まちがっていたとは言い切れない。しかし、日本は欧米を追い払い、かわってアジアに君臨しようとした。帝国主義政策によってアジアを解放する、という発想自体に日本の限界があった。

今もある日本への嫌悪感

明治以降の日本、朝鮮、中国、ロシアの間には、このような歴史がある。もちろん「アジア解放」については、別の考え方の人もいる。アジアの近代史をぜひ今一度ひも解き、それぞれの歴史観を養ってほしい。アジアの隣人との交流には、歴史への深い洞察が不可欠である。

ただ、ここで問題が生まれる。我々は戦後世代だ。戦争を体験していない。君たちのご両親も、戦争を体験していない。しかしアジア諸国の中には、戦時中の日本への反発が根強く残っている国が少なくない。時には、その怒りをぶつけられる。「お前ら、日本人は……」とののしられる。

反日教育がさかんな中国では、日本軍の蛮行を描く「抗日ドラマ」が量産されている。その数は2012年の1年間だけで200本にものぼるという。それが一種の国策になっている面がある。韓国の人たちの対日感情も複雑だ。このようにアジアのあちこちで、戦争が未だに影を落としている。君たちがこれらの国へ行けば、びっくりするような体験をするかもしれない。その時初めて、自分は歴史の文脈の中をひとりの日本人として生きている、と自覚するのではないか。

それにしても我々のような戦後世代に、70年も前の戦争をめぐる責任はあるのだろうか。はるか昔の日本軍の蛮行に対する責任を、自分たちはいつまで問われ続けなければいけないのか。我々は親を選んでこの世に生まれてこない。同じように、国を選んで生まれてくることもない。なぜ、縁もゆかりもない戦時中の責任を問われなければならないのか。

20年あまり前、僕は新聞記者として韓国へ行った。そこで鮮烈な経験をした。自分に戦争責任はあるのか、ないのか。そんな重い命題を突き付けられた取材だった。

父を連れていかれた怒り

1991年11月、釧路市内の郷土史研究家、松本成美とともに、僕は韓国に渡った。戦時中に北海道根室管内の軍の航空基地建設工事現場で強制的に働かされ、亡くなった韓国・朝鮮人の遺族たちに会う旅だった。ソウルから、韓国第三の都市・大邱《テグ》へ。そしてさらに遠く離れた寒村へと、五つの遺族を訪ね歩いた。

大邱から車で2時間あまり。私たちを乗せたワゴン車は農村地帯の未舗装の道路をのろのろと走り、一軒の古びた民家の前で止まった。石塀を抜けると瓦屋根の家の縁側に、老夫婦が腰を下ろしていた。「日本人など見るのもいやだ」。それが我々に浴びせられた第一声だった。

夫婦によると、74歳になる夫の父親は戦時中のある寒い日、妻と5人の子供を残し、突然いなくなった。日本人による徴用だった。1年以上たって、小さな木箱に入った遺骨が届いた。「あれから50年になる。日本からは謝罪の手紙ひとつない。この家から父を連れてゆき、次に来た日本人がお前たちだ」。老夫婦は泣きながら「日本人が殺したんだ」と何度も叫んだ。

夫の怒りは収まらなかった。しかし妻は少しずつ心を開いてくれた。やがて妻が、夫の父親の墓へ案内してくれることになった。

あぜ道を抜け、松の生い茂る斜面を登った。家から1キロほど離れた小高い岩山の中腹に、義父の墓はあった。丸い土まんじゅうが二つ並んでいた。夫の父と、その妻の墓だった。貧しくて墓石も買えない、と言った。

妻は墓の前にひざまずき、額づいた。その横に松本が並び、同じように額づいた。妻が体を左右にゆすり、何かつぶやき続けた。

墓にひざまずいた同行記者

松本に同行した記者は僕だけでない。読売とNHKと僕（北海道新聞＝道新）の計3人だった。妻と松本が墓の前から離れるのを待っていたかのように、読売の記者が歩み出て、墓の前にひざまずいた。

僕の心は揺れた。自分は戦後生まれの人間だ。もちろん妻の義父の不幸に、直接は関与していない。しかも新聞記者としてここにいる。記者は当事者になってはいけない。そう教わったし、後輩にも指導してきた。松本が殴られれば、それを冷静に記録し、報道するのが僕の仕事だと思っていた。

気持ちが整理できないまま、僕も墓の前でひざまずき、こうべを垂れた。やがて、申し訳ないという気持ちがあふれてきて、胸が熱くなったことを今でも覚えている。記者としては失格かもしれない。

「記者は当事者にならない」との原則は、とりあえず横に置いておく。ここで問いたいのは、われわれ戦後世代に戦争責任はあるのかという問題だ。もちろんメディアの問題でもある。日本の戦争責任を問うアジア諸国の声を、日本の新聞やテレビはどう受けとめ、若い世代に伝えるべきなのか。

「ドイツ国民は被害者だった」

戦争責任の問題については、さまざまな人たちが発言をしている。かつて西ドイツ大統領のヴァイツゼッカー（2015年没）は1985年の終戦40周年記念日で、歴史に残る演説をした。我々は過去を受け入れなければならないとした上で、「過去に目を閉ざす者は、現在に対しても盲目になる」と言った。

この一言が世界中を熱狂させた。演説テキストは20ヵ国語に翻訳され、1年間で150万部もの注文が殺到したという。「さすがドイツ」と日本でも多くの知識人が拍手喝采した。「それにひきかえ、日本はなんて不誠実な国なのだ」と学者もマスコミも大いに嘆き合った。

じつは20代後半だった僕も岩波ブックレットを買い、演説の翻訳を読んだ。しかし読後感は意外なものだった。熱狂の理由が分からなかった。極悪人・ヒトラーの行った犯罪に、みんなできびしい目を向けましょう、という呼びかけにしか読めなかった。では、ヒトラーに拍手喝采したドイツ国民の責任はどうなるのだろう、との素朴な疑問が膨らんだ。大半のドイツ人はさぞ、胸をなでおろしたに違いない。悪いのはヒトラーで、自分たちは被害者であると扱われたのだから。

ヴァイツゼッカー演説が国民の責任を棚上げしているとの指摘は、『戦争責任とは何か』(木佐芳男、中公新書、2001年)に詳しい。木佐はヴァイツゼッカー演説の3年後の1988年、西ドイツ連邦議会のイェニンガー議長が行った演説のほうをむしろ評価している。イェニンガーは「(ユダヤ人迫害への)ドイツ人の無関心が犯罪を許し、多くがみずから犯罪者となった」と断じた。この演説がもとでイェニンガーは辞任に追い込まれたという。

ヒトラーを悪者にし、責任を放棄しようとするドイツで、「戦後世代の戦争責任」を問うような若者の動きが、はたしてあるだろうか。詳しい情報は手元にない。しかし戦争世代でさえ、みずからを犠牲者と規定しているのである。戦争に直接関与しない若者は、自分たちの「責任」を問う素地そのものが奪われている、と言えないか。

高校で使った「家永教科書」

「戦争責任」に関連し、40年近く前の話をしたい。僕が通った神奈川県立鎌倉高校は、家永三郎という歴史学者が執筆した日本史の教科書を使っていた。当時はこの教科書の記述内容をめぐって裁判が繰り広げられていた。訴訟の中で家永は、日本の戦争責任を真正面から問いかけていた。そのせいもあり、家永教科書は一部の人たちから「偏向した教科書」とのレッテルが張られていた。

高校での日本史の授業初日を、僕は忘れられない。教師は僕たちに教科書を広げさせ、「次の部分に赤線を引くように」と指示した。生徒たちが線を引き終えると、教師が語りだした。「君たちが線を引いたところは、今まさに裁判の争点になっているところです。つまり教科書にはこのように書いてあるが、これが正解かどうかは定まっていない。じつは歴史の評価は、時代によって変わる。教科書を百パーセント正しいと思い込むのは、やめにしよう」。

教師は教科書内の単純な誤植も一つひとつ指摘した。つまらないミスがボロボロと出てきた。ひどい教科書だ、と僕たちは笑い合った。しかし「教科書も絶対ではない」という発見は、多感な高校生にとってはひどく新鮮だった。

家永教科書は大学受験に使える代物ではなかった。多くの生徒は、定番であった山川出版の教科書を個別に購入し、受験に備えた。しかし高校の教科書選定方針に文句をいう生徒はいなかった。歴史に正解はない。歴史の評価は時代によって変わる。このことを僕たちに教えてくれた教師と家永教科書に、僕は今でも感謝している。

日本人としての連続性とは

その家永三郎は、「戦後世代の戦争責任」についてこう述べている。

世代を異にしていても、同じ日本人としての連続性の上に生きている以上、自分に先行する世代の同胞の行為から生じた責任が自動的に相続される。（略）純戦後世代で自分の関知しない行為であるからということは、戦争責任の問題を解消する理由にならないことを、特に純戦後世代の人々に銘記してほしいと考える（家永三郎『戦争責任』岩波書店、１９８５年）。

家永の主張を、国際化の進む現代にたとえて考えてみよう。わが大学のクラスに、40人の学生がいるとする。20人は日本人の両親の元に生まれた。15人は日本人と外国人の親の元に生まれた。残る5人の親は両方とも外国人だ。さて、戦争責任は誰にあるか。

家永の論法でいくと、20人にはまちがいなくある。5人にはない。15人は半分だけ責任がある。そんな教室で意味のある教育が成り立つだろうか。価値のあるメッセージを、未来に残すことができるだろうか。

サンデル教授の指摘

2010年8月、米ハーバード大学のサンデル教授が来日した。サンデルは対話形式で哲学を講義する同大の名物教授。知的な風貌と、議論をリードする手綱さばきの鮮やかさが人気の秘密である。そのサンデルが東京大学で特別授業をした。テーマの柱の一つは「戦後世代の戦争責任」。授業でのやりとりは『ハーバード白熱教室講義録（下）』（ハヤカワ文庫、2012年）に収録されている。

サンデルが問う。「現在の日本人は、前の世代がおかした過ちに対して、公に謝罪する道徳的責任があるか」。

さまざまな意見が出た。「（われわれ戦後世代は）いつまで謝り続けなければいけないのか」と問い、「今の世代は前の世代の過ちに道徳上の責任はない」とする男子学生。「相手が痛みを忘れないかぎり、過去におかした過ちは残る。世代が変わっても、その責任は負い続けるべきだ」と反論する女子学生。「過去の過ちに関しては、それを行った世代が責任を取るべきだ」とした学生は、ただし「間に入った（戦後）世代は（過ちについて後世に）伝えていく義務を負っている」と付け加えた。

サンデルはさらに原爆投下の問題を持ち出す。「アメリカ人の現世代は、広島、長崎への原爆投下に対して責任を負うべきか」。続けて「原爆投下についてオバマ大統領は、日本の人々に謝罪すべきだと思う人は」とたたみかける。

結局、アメリカ人やオバマ大統領の原爆投下責任について、講義では明確な結論が出なかった。最後は「トップ同士がきちんと話し合い、お互いが謝るところは謝るべきだ」との意見に場内から拍手が起き、サンデルが「すばらしい議論だった」と締めて幕切れとなった。個人的には少し物足りなさが残った。

過去の出来事を反省する

戦後世代の戦争責任について、受け止め方は人それぞれだろう。僕について言えば、胸にストンと落ちる見解は、戦後世代の民間研究者の著書の中に偶然見つけた。ビル設備保守の仕事をしながら日本の戦後補償運動に取り組んできた著者・田口浩史は、こんなたとえ話を示し、みずからの「戦後世代の戦争責任」観を説明している。

Aさんが、飲酒運転で交通事故を起こし、ある人を死なせてしまった。Aさんとはまったく見ず知らずのBさんは、悲惨なこの事故の話をニュースで聞き、絶対に飲酒運転をしないよう決意して、結局その決意を終生貫いた。

この場合、Bさんは、自分が起こしたわけでもないAさんの事故を、自分もおかしかねないことだと考えて「反省」し、飲酒運転をしないよう決意したのだ。Bさんは、自分自身の中にある飲酒運転の可能性を「反省」した。

ちなみにAさんは、この事故の被害者遺族に対して謝るべきだし、謝ることができる。しかし、見ず知らずのBさんが遺族に対して謝罪することはできない。たとえBさんが、Aさんの家族や友人であったとしても、遺族に対して本当に謝れるのは、Aさんだけだろう。遺族にとっても、加害当事者でないBさんに謝ってもらうより、Aさんが謝罪することのほうがはるかに重大といえる（田口浩史『戦後世代の戦争責任』樹花舎、１９９６年）。

田口はこの飲酒運転事故の例を、「戦後世代の戦争責任」の問題に当てはめ、さらに続ける。

これは、日本の侵略に関する問題でも同じだと思う。戦後世代の私は、被害者たちに謝罪はできない。しかし、たとえあの時代に生きていなかった者であるとしても、当時行われたことがまちがった行為だと考え、自分にも当時の人々と同じことをするかもしれない可能性がわずかでもあると考えるならば――そして私の考えでは、誰にでもそうした可能性は常にあるのだが――、何十年も前の戦争に関する「反省」は可能だ（同上）。

この取り組みであれば、先に例示した「40人のわがクラス」でも可能である。未来へのメッセージもきちんと残すことができる。

日本のマスコミの中には、戦争責任を強調する意見を自虐史観として切り捨てるメディアもある。一方で、中国や韓国のプロパガンダに乗せられたかのような裏付け取材の甘い報道もある。未来志向の成果を生み出すためには、海外からの学生がせめて半数近くを占める「多国籍クラス」で読むことのできる新聞、見ることができるテレビ番組にしなければならない。

自分は何を謝罪したのか

大邱郊外の寒村の墓の前で、僕はひざまずき、こうべを垂れた。しかしその時、「日本人として謝罪する」という感覚はなかった。ただ、自分の無知を謝りたい、という気持ちはあった。日本と韓国は、1965年の日韓請求権協定の締結により、国同士の政治的決着がついていた。しかし戦争被害者一人ひとりにとっては、両国間の手打ちなど意味をなさない。そのことは、頭の中では理解していた。だが、被害者遺族に対面し、現実を目の当たりにして、自分は結局、何も知らなかったと気づいた。一家の大黒柱を突然奪われた家族の苦しみなど、まったく想像できていなかった。

我々の案内役を務めたのは、韓国の民放テレビ局の若いプロデューサーだった。一緒に遺族たちを訪ね歩きながら、彼とはよく話をした。酒を飲んで、言い争ったこともあった。あるとき、彼はこんなことを言った。

「徴用された人たちは、貧しく、教育も満足に受けられなかった人たちがほとんどだ。韓国の官僚や知識層は戦時中も今も、社会の底辺で生きていくしかない彼らの痛みを見て見ぬふりをしている。」

戦争がもたらした今日の現状について、日本、韓国、中国などの戦後世代には力を合わせてこれを改善し、克服する責務がある。加害者、被害者世代を加えないからこそ、実りある話し合いができるに違いない。

では戦後世代のマスコミ人の戦争責任は何か。もちろん国によって事情は異なる。だが少なくとも日本のマスコミに言えるのは、高市のような戦後世代の素朴な疑問に対し、真正面から向き合い、答えを探すことではないか。

その前提としてまず、戦後世代同士の対立を煽るのでなく、協調の芽を育てる責務がある。我々の先人は、それと反対の道を安易に選び、国民を奈落の底に導いたのである。

ディスカッション……………………………………原　寿雄／阪井　宏

靖国への道を覚悟して

阪井　大正14（1925）年3月生まれの原さんは、20歳の時に敗戦を迎えられました。戦時中は忠君愛国の国家主義思想にすっかり染まっていた、と自分史『ジャーナリズムに生きて』（岩波文庫、2012年）で書いていています。戦後は世の中の価値観がひっくり返り、民主主義的な考え方が社会に浸透していきました。そんな戦後日本の歩みを、原さんはジャーナリストとして目撃してこられたわけです。戦中、戦後を生きた原さんは、ご自分の戦争責任をどうお考えですか。

原　戦前、戦中は天皇教徒だった。小、中学校時代は国家教育にどっぷり浸っていたと言える。個が未確立の少年時代に、忠君愛国百パーセントで生きたのは、自分の判断、選択ではないと言えるから、自分の愚かさを悔やむだけで、責任は感じない。ただ、満二十歳を過ぎるまで狂信的だったのは、自分の選択だったと言わざるを得ない。海軍に入ったのはみずから志願して選んだ生き方だった。当然、靖国への道を覚悟し、人生二十年を信条とした。

すべてを時代、歴史のせいにすることもできる。国家教育、社会による教育のせいにしたほうが分かりやすい。しかし、自分の生きてきた道は選択の結果だと厳粛に考えたい。浅はかで、愚かな選択だった。当然、戦争を阻止しなかった責任はある。

阪井　戦争をまったく体験していない私たち戦後世代は、祖父や曾祖父の世代が行った太平洋戦争について責任を感じる必要があるのでしょうか。大戦時にはもちろん生まれてもおらず、責任を問われるいわれもありません。それなのに中国や韓国へ行けば、日本人であるというだけで、糾弾されたり、ののしられたりもします。日本に生まれた人間は、ずっと負い目を感じて生きていかなければならないのでしょうか。

原　親たちの大きな過ちの結果について、やはり責任を感じるのが人間だろう。現に、「絶対許せない」と今なお怒り続けている被害者が韓国にも中国にもいる。この人たちの怒りと悲しみが日本に向き、今を生きている戦後生まれにも向くのが「まちがっている」と言えるだろうか。それが人間と人間との関係ではないか。戦後世代も親の責任感を引き継ぐことで、二度とふたたび同じような惨事を引き起こさないと反省し、決意すべきだ。

歴史認識とマスメディア

阪井　従軍慰安婦問題や強制連行問題は、軍の直接的関与があったのか、強制的な徴用だったのかといった点で日中韓それぞれの見解が分かれています。この問題をマスコミはこれまでどう扱ってきたのでしょうか。これからどう扱うべきなのでしょうか。

原　皇軍の名誉を守ることで日本人としての誇りを保持したいと思う人たちは、日本軍のおかした悪事に耳も目もふさごうとする。その願望から歴史事実を修正してしまいたいという誘惑に、日本国籍をもつマスコミは傾斜しやすい。愛国を強調するマスコミが歴史修正主義に陥るのはそのためだが、事実に忠実であるべきジャーナリズムとは対極の姿勢だ。背後では日本人読者の同じ願望が大きな圧力になり、ジャーナリズムを牽制してきた。国籍のある世論のナショナリズムだ。ジャーナリズムはこのようなナショナリズムに引きずられることのないよう、つねに自戒しなければならない。

阪井　先の大戦にからむ歴史認識問題や、尖閣、竹島の領土問題がもとで、日本と中国、韓国の関係はかなり冷え込んでいます。この世相を反映し、今の若者たちの間にも隣国との友好への冷やかな見方が広がっています。この現状に対し、メディアはどのような役割を果たすべきなのでしょうか。

原　中国、韓国の現政権は安倍政権の出現を日本の右傾化の新局面と受け止めている。その上で、侵略行為に対するきびしい歴史認識を日本に改めて求め、対日強硬姿勢を続けている。一方で、北朝鮮は核兵器保有に突き進んでおり、ミサイルの目標として日本の米軍基地を名指しし、脅迫している。核による先制攻撃まで公言している。

　もし日本のマスメディアが歴史認識をはじめ、尖閣・竹島問題や北朝鮮の挑発に対して、これまで以上にナショナリズムを煽るようなことがあれば、武力衝突の段階に入ってもおかしくはない。対立する国同士のナショナリズムは相乗作用で激しくなる。相手国のマスメディアによるナショナリズムの高揚には、辛抱強く耐える度量を持つべきだ。それが民主主義の先輩を自認する日本のメディアのとるべき態度ではないか。

アジアの平和への責任

阪井　日中双方の政治家の間ではかつて、尖閣の問題を棚上げし、後の世代の知恵に任せようという趣旨の合意があったと聞いています。再び後世に問題を先送りすることは現状ではむずかしいでしょうか。

原　１９７８年、日中平和条約調印後に来日した鄧小平副首相は、後世に期待する尖閣棚上げ策を示唆した。しかしGDP世界第2位を誇り、江沢民が主唱した中華民族の復興を掲げる習近平新体制ではかなりむずかしいのではないか。

阪井　尖閣諸島の問題でいうと、石原慎太郎が東京都知事時代の2012年4月、米国のある右翼団体の集会に招かれ、あいさつの中で「尖閣諸島を東京都が購入する」と表明しました。「(中国に)ほえづらをかかせてやるんだ」と笑う石原のニュース映像を見て、暗澹たる気持ちになりました。ところが日本のマスコミの大半は、そんな石原にすり寄ることはあっても、まともな批判、反論はしなかったと記憶しています。尖閣問題がここまでこじれた責任の一半はマスコミにもあるように思います。

原　中国は1840年のアヘン戦争以来、欧日の帝国主義に侵略されて香港、台湾を奪われた。その中国が今や世界の中心に返り咲き、習近平国家主席みずから「中華民族の復興・団結」を強調している。これは屈辱の歴史と決別し、「二度と国辱は受け入れない」という宣言だろう。この決意を見誤ってはいけない。

役人の汚職腐敗、貧富の格差拡大、共産党一党支配への批判増大など、習体制の抱える課題は多い。人心統一を狙って対外緊張に関心をそらすため、ナショナリズムを高揚させたりもするだろう。対外強硬論の先頭に立ちやすい軍部の動きは特に警戒を要するが、遅れを取り戻そうとする中国の軍事力増強を、すでに十分に強い軍事大国である米国と、その同盟国である日本のマスコミが非難するのは、道義的とは言えない。

阪井　領土問題をきっかけに、日本のジャーナリズムもナショナリズムの高揚に引きずられ始めているように感じます。

原　世界の多くが安倍政権を右翼とみて警戒している。しかし一方で、フィリピン外相のように日本の再軍備を歓迎する声もある。中国の脅威に対抗し、米国主導の中国包囲網を形成しようという動きが現実味を帯びつつある。安倍政権は話し合いと包囲網づくりを並行して行うというが、これでは米国に追随する旧来型の覇権外交だ。

日本のジャーナリズムは東アジアの平和保持システムを積極的に追求し、構築することで、アジアの平和確立に責任を持つべきだろう。改憲に積極的な読売、産経、日経も、反対・批判の立場をとってきた朝日、毎日、東京や地方各紙も、偏狭なナショナリズムに陥ることなど、絶対にあってはならない。

現場から

とことん話し合え

［ジャーナリスト］むの　たけじ

むの　たけじ――１９１５年、秋田県六郷町生まれ。東京外国語学校スペイン語科卒。報知新聞社を経て朝日新聞記者。１９４５年８月15日の敗戦の日に、戦争責任をとって退社。１９４８年、秋田県横手市で週刊新聞『たいまつ』を創刊。１９７８年休刊。著書に『希望は絶望のど真ん中に』（岩波新書、２０１１年）など多数。

戦時中、日本の新聞は多かれ少なかれ、戦争を賛美した。もちろん言論の自由を奪われ、書きたいことを書けない時代ではあった。しかし、制約の中にあったとはいえ、みずから進んで聖戦をうたい、国民を戦場に駆り立てた点では弁解の余地はない。日本の新聞は戦争遂行に大いに加担したのである。しかし、戦後、その反省を胸に刻み、新聞社を去った記者は、おそらくこの人くらいではないか。戦争責任にみずから決着をつけた戦争世代の元記者の目に、戦後世代の戦争責任の問題はどう映るのか、うかがった。

歴史を知る責任

——戦後世代の戦争責任の問題を中心にお話をうかがいます。

むの　あなたはどう思うの。日本が軍国主義の時代におかした過ちを償う責任が戦後世代にもあるのか、ないのか。ないとすればなぜなのか。あるとすればどうすればいいのか。聞かせてください。

——私も戦後世代の一人です。でも直接の戦争責任を取れるかというと、正直に言って取れません。直接的な責任を取れるのは当事者だけです。ただ、戦争がもたらした現状に対しての責任はあります。それを我々の知恵で克服していかなければいけないと思っています。

むの　なぜ現状に対する責任があると思うのですか。

——同じ歴史を生きているからです。でもそれは、中国の人も韓国の人も一緒です。彼らにも責任がある。同じアジアで、同じ歴史の中を生きていく者同士としての責任です。

むの　まあ、そういうことでしょう。日本は、朝鮮半島の人たち、中国の人たちに償いきれないほどの迷惑をかけたわけ。と同時に、日本の政府は国民に対してひどい過ちをおかし、苦しめたの。だから日本の国民は、政府にひどい目にあわされながら、外国に行ってひどいことをしたの。国民は加害者であると同時に、一方で受難者でもあるの。このへんの問題をどう区分けして受け止めるかはじつはとてもむずかしい。

そこであなたの質問だ。日本が過去におかした過ちに対して、現在の若者が責任をとるかとらないか、とれるかとれないか、という問いね。責任を持ちたくても持ちようがないんですよ。ただ、持ちようはないけれど、では無罪かというと、そうとも言えない。

あれはおやじ、おふくろ、じいさん、ばあさんのころのことで、おれは関係ない。その時代とはまったく関係なしに新しい歴史をつくっていくんだという若者がいてもおかしくない。でも、我々が生きている社会というのは、つながっているわけ。今日ただ今の中には、昨日もおとといも、その前もあっての今なんだ。社会というのは歴史の産物だもの。そうすると、現在の中に過去が生きている。過去が現在になって、それが未来につながる。だから納得のいく未来を作ろうとすれば、現状を改めなければいけない。過去を裁かなければいけない。だって現状は過去の産物だもの。おてんとうさまから降ってきたわけじゃないの。あなたが言ったように、歴史を生きるということなんだよ。だから歴史に対して責任がある。そのためにはまず、歴史を学ばなければだめだ。

どの歴史を学ぶか。一つは軍国主義で中国を侵略していった1931年（昭和6年）の満州事変からポツダム宣言受諾までの15年間に、日本は何をやったか。その歴史を学ぶ。偉い研究者や先生が出した本を調べるだけではだめよ。自分たちの手で史料に当たるの。そして現代の若い感覚で疑ってみるんです。なぜ軍国主義が生まれたのか。何をやったのか。なぜこんなことになったか。

もう一つは、明治元年から昭和6年までの明治、大正、昭和初期の歴史はいったい何だったたのか。教科書では近代デモクラシーの歩みなんて書いてあるかもしらんが、では当時の明治憲法に日本人はどう書かれていたか。国民じゃないのよ。臣民だよ、臣民。家来ということだ。もっと悪く言えば王様の奴隷です。それが明治憲法で、昭和20年の敗戦までこの関係が続いたわけ。あの戦争はだれが始めたかというと、天皇が決めたの。天皇がやろうと言わなきゃ始まらないんだから。だから国民は自分たちで戦争を始めた覚えがない。天皇に言いつけられ、兵隊にとられ、戦場に行ったの。そして中国へ行って大勢の中国人を殺したの。だから日本の兵隊、民衆には、責任感がわいてこない。自分たちは赤紙をつきつけられ、国家に召集され、兵隊になり、武器を与えられ、敵を殺せと命令された。戦場へ行けば、敵を殺さなければ殺されちゃうの。要するに動物の生き死にのぎりぎりのところに立たされたの。殺さなければ殺される。その恐怖感だけなんだ、戦場に行けば。戦争の目的がなんだとか、そんなものはどこにもない。だから戦後、国民はみずからの問題として反省したり、戦争の原因を究明したりすることが出来なかったんです。それでズルズルと惰性で問題を先送りしてきてしまったの。

つまり明治以降の歴史を簡単にいうと、日本は近代国家を装ってはいたけれど、実際には徳川時代よりもっとひどい絶対君主制を続けたということ。それが明治元年から昭和6年までの日本なんです。

対話のための勉強

――歴史を研究した上で、若者たちは何をすべきなのでしょう。

むの　中国や韓国、アメリカ、イギリス、インドネシア、いろんな国の若者と話し合うことよ。それをやるためには勉強しなきゃだめだ。死にもの狂いになって勉強するの。

――日中、日韓の関係がこれだけ冷え込んでいる現状では、話し合いも容易ではありません。

むの　むずかしいからできる。むずかしいから可能なんだよ。対立していなければ黙ってほっときゃいいんだ。対立しているから話し合わなきゃだめなんです。そういう若いもんが出てこなきゃ、日本はもうだめだ。中国、韓国の若者と、とことん話し合うんです。日本の政府はこう言っている。政府と政府は今、こんなふうに争っている。島の領有権の問題がこんなふうにこじれている。私たちはどうすればいいんだろう。あんたたちはどう思いますか。じっくり話し合いませんかと、始めればいいじゃない。ぶん殴り合いになっても、殺し合うよりはましだよ。東京はだめでも北海道から始めればいいんだ。

――中国、韓国へ行くと、戦時中の日本の侵略行為をしばしば非難されます。それに対し、日本の学生はどう応じるべきですか。

むの　非難されることを恐れず、なぜ侵略行為が起きたか、その原因を調べ、考えることだ。同じような原因が今もあるのなら、今の若い人もやっちゃう危険性があるわけでしょう。その原因にどう対処すべきか。自分たちがやってはいけないことは何か。それを徹底的に話し合うの。

――その際、日本の学生は、過去の戦時中の日本軍の行為について、謝らなければいけないのでしょうか。

むの　上っ面の言葉で謝ってもだめよ。どう生きるか、新しい生き方を示すの。過去の日本人がやったような馬鹿なことは我々は決してしないと。そういう交流の中で信頼が生まれれば、まったく新しい関係ができる。朝鮮民族と中国人と日本人は、喧嘩をしたらそれぞれが困るんです。とにかく喧嘩はやらない。対立はあっても、武器は絶対に使わない。このことを申し合わせるだけでも、大変なものです。とにかく何十日でも、何百日でもとことん話し合う。そして、我々は将来、どんな対立があっても話し合いで決めるんだ、と申し合わせるの。そうやって若者が動き出し、新しい共生の道をつくっていかなければだめだ。

――日本の過去の侵略行為への批判を受けた場合、学生たちは「なぜ自分たちが」という気持ちになっても不思議ではありません。

むの　それはドーンと受け止めなければだめよ。そして詫びたい気持ちがあれば詫びればいい。歴史を学べば、日本人の一人として当然、詫びる気持ちが出てくるはずだよ。実際に日本民族が悪かったんだ。その一人だもの、我々は。だから自然に出てくる感情だよ、それは。誰かに「詫びなさい」なんて言われて詫びても意味がない。そんなのクソみたいなもんだ。だいたい、「詫びなさい」なんて誰も言わないよ。若い感覚でね、詫びたい気持ちが出てきたら詫びればいい。おそらく出てくるよ。詫びた後、新しい信頼関係を作っていけばいいんだ。

――竹島や尖閣の問題についてのつっ込んだ話し合いが、現実的に可能でしょうか。

むの　可能も不可能もない。どんどんすべきだ。今の若者はどう考えるか。とことん議論したらいい。俺なんか簡単だ。所有権などどっちでもいいんだよ。共同所有にしてもいい。共同利用が問題なんでしょう。だいたい地球には国境なんてないもの。人間が勝手につくっただけでしょう。それを言い張って争いをやるなんて、とんでもなく馬鹿げたことだ。我々若者はそうじゃない。地球をみんなでいたわりながら、みんなで利用するんだ。そうやって地球を守っていこうじゃないか、と。そういう主張を若者は出すべきなんだ。領土問題で政府が飛行機を飛ばしたり、船を出したりして、互いにけん制し合っている。愚かなことだ。所有権を主張するのではなく、地球をいたわりながら地球の恵みをみんなでどう利用するかを考えようではないか。それが人類の進むべき道だと若者同士が言い出せばいいんだ。その行動が償いにもなれば、克服にもなる。歴史を作っていくというのはそういうことなんじゃないの。そうすることで過去のまちがいが清められていくんじゃないの。お詫びじゃないのよ。創造していかなければいけないんだ。

――領土問題で何らかの結論を出すのは容易ではありません。

むの　なぜ結論を求めるの。話し合いには必ず結論がでなきゃだめ、と君は思っている。裁きを下さなければいかんと思っている。裁判官みたいになって結論を出しましょうなんて、そんなのは君の思い上がりだ。解決できない問題は、解決できない。では、どうすればいいんだろう、でいいのよ。そういう問題を担いきる強さがなければだめだ。そのためには時間がかかる。学生同士がありのままの自分の思いをぶつける。とにかく腹を割って話し合う。それだけでいいんです。

新しい世界主義を

――むのさんにとって、ナショナリズムは悪ですか。

むの　悪ではない。でもナショナルではもう、地球がもたない。ナショナルというのは国境主義だもの。国境を挟んでおれはこうだ、おまえはああだ、とやっているだけでしょう。そんなのはだめだ。ナショナリズムを克服しなけりゃ。ただ、克服する先の主義がないの。インターナショナルだと思ったら大まちがい。だいたい「インテル」は区分けするという意味なの。インテルというのは活字を組む時、行と行の間に入れる詰め物のことでしょ、本当は。

――そうですね。昔、印刷物を活字で組んでいた時にインテルという薄板がありました。

むの　そう。つなぐものじゃないの。区分けするものなの。だからインターナショナルでは国家主義の克服はできない。国家主義を持ち寄ってすり合わせたって、うまくいくわけがないの。国際主義ではなくて、新しい世界主義をつくらないとだめだ。国際連合では何もやれない。国家を否定できない。みんな国家のエゴイズムだ。日本だって、ほかの国だって。世界連合をつくらなければだめなんです。若い皆さんにぜひつくってもらいたい。そうやって古い世代を超えることで、新しい歴史をつくるの。それが本当の罪滅ぼしではないですか。

――むのさんにとって、理想的な社会はどんなところですか。

むの　理想なんてないよ。私は主義やモラルを理想としない。要するに常識。ふつう。それが最高の導きだと思っています。人間としてやるべきこと、やってはいけないこと。ものを盗んじゃいかん。人を傷つけちゃいかん。困っている人がいたら助けなきゃいかん。そういうごく普通のことです。本当に基本的な常識ね。そこでは百人が百人、一致するはずです。理想社会もへったくれもないよ。それが一番だし、そんな常識を大切にする世の中が、人間にとっては最も喜んで生きていけるところなんです。１００年生きて、そのことにやっと気づくことができました。今まで騒がれてきたヒューマニズム、デモクラシー、キャピタリズム、ソーシャリズム……。そんなものはみんな行き詰まり、破たんしてしまった。最後に残るのは常識。ふつう。当たり前。それでいいの。でもある意味、それが一番むずかしいことなのよ。

Ⅱ　たしかな報道のために

第4章 実名報道の根拠は何か

大阪地裁で行われた大阪教育大付属池田小児童殺傷事件裁判で、宅間守被告への死刑判決を受け、記者会見に臨む遺族たち＝2003年8月、大阪市（写真提供＝共同通信）

講　義

記事の中の人名

新聞やテレビはさまざまなニュースを取り上げる。そこには必ずといっていいほど事件や事故の報道がある。殺人、傷害、強盗、窃盗、詐欺、交通事故、列車事故、海難、山岳遭難……。きょうの新聞、ニュース番組もおそらく、国内外で起きた事件・事故であふれかえっているはずだ。記事の一つひとつを注意深く読んでほしい。きっとさまざまな発見があるに違いない。中でも今回注目してほしいのは人名だ。大半の事件記事は被害者、加害者が実名で書かれている。事故の犠牲者もたいてい実名で載っている。メディアはどうしてこんなにたくさんの実名を短時間で調べ上げ、載せることができるのか。君たちは不思議に思わないか。

じつは、発生した事件・事故については、それぞれの案件を担当する各警察署が概要を記者発表する仕組みになっている。警察は担当する事件・事故について、広く国民に知らせる義務を負っている。国民には「知る権利」があるからだ。そこでこの権利の代行者を自認するマスメディアに、警察は事件の概要を発表する。その中には当事者の名前や住所、職業も含まれている。

「警察とマスコミのなれあいじゃないか」と君たちは言うかもしれない。たしかにマスコミは警察発表に頼っている。しかしマスコミには警察のような強制捜査の権限がない。取材力も限られている。そこで警察発表を利用し、それをきっかけに個別に取材を行う。とはいえ、実際に独自に調べ始めるケースは多くない。小さな事件、事故であれば警察発表を多少焼き直し、記事にするのが大半だろう。

では、さらに注意深く記事を読んでみよう。たくさんある事件・事故の記事のうち、ある記事は実名、ある記事は匿名になっていることに気づかないか。同じ事件・事故でも新聞社によって実名で書いていたり、匿名だったりと、判断が分かれている場合もある。国内の新聞のほとんどが実名報道を原則としているのに、なぜこんなことが起こるのだろう。事例を通して考えてみよう。

命を落とした大学生はなぜ匿名か

身近な例がある。2012年5月、小樽商科大学のアメリカンフットボール部が同校グラウンドで宴会を開き、9人が急性アルコール中毒で病院に運ばれた。そのうち1年生男子1人が亡くなった。先輩に酒を勧められ、無茶な飲み方をしたらしい。もちろん新入生の大半は10代の未成年である。

ではマスコミはこの事故をどう扱ったか。事故からしばらくの間、大学生は心肺停止の状態だった。この間、僕の知るかぎり、新聞はすべて彼を匿名で扱った。彼は意識を戻すことなく、2週間後に亡くなった。翌日の朝刊で、読売は彼の死を実名で報じた。朝日、毎日、北海道新聞

（以下、道新）は匿名のままだった。

実名か匿名かの問題にどれほど意味があるのか。大切なのは一人の大学生が亡くなったという事実であり、その学生がどこのだれかは不要ではないか。君たちの多くがそう思っているのではないか。しかし30年間、実名報道主義にこだわってきた元記者の一人として、これほどたやすく名前が伏せられてしまう現状に、僕は危機感を感じている。

今回のケースでは、大学生が死亡したのを受け、地元の小樽警察署がその事実を記者発表したはずである。その際、未成年者であることを理由に、警察は本人の名を伏せて発表したかもしれない。ただ、警察が匿名で発表しても、メディアがそれにならう必要はない。自分たちの責任で調べ、公表するか否かを判断するのがマスメディアの仕事である。意識不明の男子学生がどこのだれで、どこの病院に収容されたかは、各社とも早い段階で把握していたに違いない。その上で、実名にするかどうかの判断は、各社にゆだねられたのだろう。

朝日、毎日、道新の3紙が匿名にした理由は分からない。家族に「そっとしておいてほしい」と頼まれたのかもしれない。事情を知る警察や関係者に、匿名報道を勧められた可能性もある。一方、読売はなぜ、それまでの匿名をあえて実名に変えたのか。これは想像でしかないが、大学生本人が亡くなったことで、この問題の社会に与える影響が格段に増したと判断したのだろう。帰らぬ命となったことで公共性が一気に高まった、と判断したとみるのが自然だ。そうであるなら、僕は読売の判断のほうに軍配を上げたい。

実名に切り替えた読売

メディアはなぜ実名にこだわるのか。この問いに、明確な答えを用意している記者はじつはそう多くない。本当はつねに真剣に自問自答すべき問題だが、日々の仕事に追われ、じっくり考えてこなかったというのが正直なところだろう。

実名にこだわる一番の理由は、真実追究にあると思う。たとえばある事件の容疑者をA、被害者をBと報道したとする。これを読んだ読者は、このA、Bという記号から、それ以上の情報を得ることはむずかしい。

しかしこれを実名で報じると、大きな変化が生まれる。容疑者の意外な動機を知る人からの情報。被害者の無念のエピソードを知る友人の証言。容疑者のアリバイを証明したいという目撃情報。そんなさまざまな情報がメディアの側に寄せられれば、報道はまったく別の展開を始める。警察が発表で触れなかった重大な問題を掘り下げることもできる。つまり実名報道は、社会全体が情報を共有し、課題を解決していくうえでの大切な糸口になる。それこそがメディア本来の役割であるといえる。

実名報道に転じた読売は、出身高校の敷地内に無断で入って後輩生徒の話を聞こうとし、同校からクレームを受けた。この取材行為はとがめられても仕方がない。それでも僕は、実名主義によって新たな事実を発掘しようとした読売の姿勢を評価したい。大学生の実名を知った友人、知人、後輩から、読売に重大な情報がもたらされたかどうかは分からない。だが地元警察、大学にとって不都合な新事実などは、このような地道な取材の積み重ねからしか見えてこない。そんな可能性に挑まず、最初から真実に近づこうとしないメディアは、みずからの役割を半ば放棄していると言われても仕方ないだろう。

もちろん実名報道を重視するといっても、法律無視の人権侵害は許されない。とんでもない事例がいくつもある。たとえば1981年11月に米ロサンゼルスで起きた日本人夫婦にまつわる狙撃事件。その3年後、保険金殺人の疑惑を理由に、逮捕もされていない市民を週刊誌が実名で犯人扱いした。いわゆる「ロス疑惑」報道だ。他の報道機関も追従し、典型的なメディアスクラムになった。

一方、実際にはオウム真理教の犯行だった1994年6月の松本サリン事件もひどい事例だ。警察は当初、重要参考人として第一通報者を取り調べた。メディアはあたかもこの通報者を犯人であるかのように、半年間も実名で報じ続けた。各社はのちに謝罪したが、現場記者が最後まで非を認めない社もあった。こういった事例が起こるたびに、実名報道主義は市民の信頼を失っていく。

ここまでは「基本は実名報道」との立場から説明してきた。しかし事件の中には、実名か匿名かで微妙な判断が求められるケースもある。少年事件と精神障害者事件がその典型例だ。いずれも事件に対する犯人の責任能力が問われる。これも事例をもとに説明しよう。

判断分かれた光市母子殺害事件

君たちは「光市母子殺害事件」を知っているだろうか。１９９９年4月、山口県光《ひかり》市で起きた事件だ。一人の少年が排水検査を装って会社員宅に入り込み、23歳の妻を絞殺し強姦した。さらに11ヵ月の長女を床にたたきつけ、首を絞めて殺害した。犯行時は18歳と30日。この元少年を死刑にすべきかどうかで意見が分かれた。２０１２年2月、最高裁の判断で少年の死刑が確定した。ただし、死刑の選択をめぐる少数意見がついた。それだけむずかしい判断だったといえる。

最高裁判決の際、大半の新聞・テレビは元少年を実名で報じた。それまで匿名だった社の多くも、死刑確定を待っていたかのように実名に転じた。最後まで匿名をとおしたのは毎日や東京などごく少数だった。

実名としたメディアは「死刑確定で更生の機会がなくなった」「事件の重大性を考慮した」ことなどを理由にあげた。「国家に生命を奪われる人の氏名は明らかにされるべきだ」といった意見もあった。一方、匿名とした社は「少年法の理念を尊重した」「再審や恩赦の道がまだ残されており、更生の可能性も消えていない」などとした。少年法は未成年者の犯罪の実名報道を禁じている。物事の善悪を判断する能力が十分でなく、犯罪の責任を成人と同じように論じられないというのがその理由だ。

犯行の残虐性から、実名報道を選んだ社も少なくない。しかし、一方で父親の激しい家庭内暴力、中学1年の時の母親の自殺など、被告はきわめて過酷な家庭環境のもとで育っている。元少年の凶行は、彼の生い立ちを抜きには語れない。だがそんな議論はメディア報道の中ではほとんど深まらなかった。

見極めむずかしい犯人の責任能力

一方、精神障害者の犯罪を実名で報じるか、匿名にするかの判断もむずかしい。2001年6月、大阪府池田市の大阪教育大付属池田小に男が侵入し、1、2年生8人を刺殺した。朝日ははじめ、夕刊早版《はやばん》で男の名を実名で報じた。しかし過去に男が精神科病院で治療を受けたことがあると分かり、急きょ夕刊遅版《おそばん》で匿名に切り替えた。ところが翌日の朝刊に向けた取材の中で、供述内容から責任能力ありと判断できるとみて、朝刊では再び実名に戻した。毎日、読売も夕刊は匿名、朝刊で実名に変えた。責任能力の有無をめぐる各社の混乱ぶりが伝わってくる（朝日新聞社『事件の取材と報道　2012』参照）。

それにしても常軌を逸した事件だった。教室内を逃げ惑う児童を追いかけ、つぎつぎに刺した。犯人の精神状態を疑ったのも無理はない。重大な犯罪については実名報道を前提としてもいいのではないか、という意見が強く出た。それほどショッキングな事件だった。この事件ののち、全国の小、中学校で、児童生徒が在校する間は校門を閉ざすようになった。

警察発表の匿名化傾向

ところで最近は、警察が当事者の実名を公表しない傾向を強めている。被害者だけではない。加害者についても自主判断で匿名にして発表する。警察が実名発表をしないと、マスコミは名前の割り出しから取材を始めなくてはならない。これはつらい。匿名発表が定着すると、大半のメディアが匿名報道に傾いていかざるを得なくなるのではないか。

警察の匿名発表の背景には、２００５年4月の個人情報保護法の全面施行が強く影響している。特に被害者については、匿名扱いにすることが非常に増えている。被害者の家族らが希望すれば、警察はまず匿名発表を選ぶ。国民の「知る権利」をタテにこの壁を崩すのは容易ではない。

匿名発表にするか、実名発表にするか。その判断を警察任せにするとどうなるか。たとえば警察にとって都合の悪い不祥事が起きたとする。組織防衛のために、警察は都合の悪い事実を隠そうとするかもしれない。政治家や官僚がからむ事件ではどうか。有力者からの圧力を受け、警察は発表内容に微妙な濃淡をつける可能性がある。

そう考えると、やはり警察の匿名発表を許してはならない。ただ、どんな場合であっても警察に実名発表を促していくには、メディア側の自律の心と、メディアと社会の深い信頼関係がなければむずかしい。

重大犯罪の場合のむずかしさ

実名・匿名報道をめぐっては、君たちの胸の内にもさまざまな問題が浮かぶに違いない。一つは、いくら少年時の犯行であったとしても、犯罪の中身がきわめて悪質な場合は、実名で報道すべきではないか、という考え方だ。

週刊誌の中には凶悪事件が起きるたびに、犯人がたとえ少年であっても顔写真を載せ、さまざまな家庭環境を白日の下にさらす雑誌がある。少年法の立場からすると、未成年の未熟な子供に対し、社会復帰の可能性を摘み取るような報道は認めるべきでない。しかし一方で、たとえ少年であっても、極悪非道な犯罪に対しては厳罰であたるべきで、実名報道もやむなし、との考えも根強くある。

最近もある少年犯罪をきっかけに議論が巻き起こっている。2015年2月、川崎市の多摩川河川敷で中学1年生男子が刺殺体で見つかった事件である。逮捕された少年3人のうち、リーダー格の少年は18歳。『週刊新潮』は3月5日発売号で、18歳少年の氏名と顔写真を掲載した。掲載理由について同誌は「18歳とはいえ、少年法で守られることが、あまりにも理不尽だと考える」と書いた。

このケースでは、新聞社の中で加害少年の氏名、顔写真を掲載した新聞社はない。少年の複雑な家庭環境などを考慮しての判断だろう。ただ近年では、少年犯罪が起きると、加害少年の実名、顔写真がたちどころにネットで拡散される。川崎の加害少年についても同様である。マスコミがいくら少年法の主旨を尊重しても、実際には有名無実化している。

今日のようなネット社会では、人のプライバシーなど簡単に暴くことができる。しかしそのような時代だからこそ、マスメディアが表現の自由や国民の知る権利、少年法の精神を十分に踏まえ、匿名・実名の判断を示す必要がある。世の中を情報の無法地帯にしないためにも、マスメディアの頑張りが求められる。

「匿名希望社会」の広がり

最後になるが、じつは僕はこの匿名・実名報道問題をぜひ、大学生諸君に身近な問題として胸に刻んでほしいと思っている。君たちの多くは、大勢の前で意見を述べることを嫌う。書いてもらったレポートの中から出来のいい作品を読み上げようとすると、欄外に「匿名希望」などと書かれていたりする。大学にも匿名化の影響が及びつつあるらしい。

この傾向はテレビの報道番組にも現れている。何かの社会問題について街頭の声を聞く場面になると、あえて身元を隠す必要もないような話題でも、市民の顔にモザイクがかかり、音声まで変わる。市民の側の要望なのか、テレビ局側の配慮なのか。欧米人の目にはじつに奇異な報道に映るそうだ。

小樽商科大学の飲酒事故から1年後。亡くなった学生の母親が各紙のインタビューに応じた。「あの子の背広姿の写真を撮りたかった」。母親のコメントに、遺族の無念さが凝縮されていた。

しかし母親を含む遺族の写真は、各紙とも顔が映らない後ろ姿。いったんは学生を実名で報じた読売も、匿名に戻した。

マスメディアはなぜ実名にこだわるのか。顔写真を撮らせてほしい、となぜ頭を下げるのか。事件、事故に巻き込まれ、激しく動揺する当事者に、実名報道への協力を求めるのは容易なことではない。しかしプライバシーの壁をお互いに少しずつ低くしてでも守らなければならない実名社会の意義を、分かりやすく、誠意を持っててていねいに伝えることは、報道に携わる者の使命である。社会の匿名化の流れを食い止められるか否かは、一人ひとりの記者の頑張りにかかっている。

匿名希望社会。匿名の壁に守られていないと、意見を言わない。しかし、どこのだれだか分からない仕組みになれば、途端に饒舌になる。安全な場所から他人や社会をののしる。匿名社会の広がりが、いずれ日本の民主主義の根幹を揺るがすのではないか、と僕は心配している。

ディスカッション……………………原　寿雄／阪井　宏

「被害者」という公共性

阪井　講義の中で、学生から率直な質問が出ました。「実名報道によってだれが得するのか」とう問いです。実名報道の目的は真実追究にあるという僕の説明に、この学生は納得しきれなかったようです。「きれいごとではないか。百歩譲っても真実追究のためになぜ被害者がつらい思いをしなければならないのか」。原さんならこの問いにどう答えますか。

原　報道のリアリズムは正確な事実報道を基礎とする。それが原則だ。正確な事実報道でなくなると、迷惑をこうむる人がおおぜい出てくる。たとえば、「ある団地の25歳の商社員」と匿名で書かれると、そこに住んでいる若い商社員全員が疑われてしまう。現場の住民はそういう疑いを持ってしまう。似たような例はたくさんある。何千人もの住民が住んでいる団地で、ただ20歳の会社員と書かれたら、あいつじゃないか、こいつじゃないか、という話になりかねない。匿名のために疑われる人が出てくる。匿名報道がかえって被害者を生む。だから事実を正確に伝えることはとても大事だ。

それからもう一つ。「どうして被害者のことを書くのか」という疑問に対し、次のような答えが成り立つ。被害者は意図しないまま事件の関係者となった。そのことによって公共性をもつ存在になった。公共性を持つ人間は事件の真相究明に協力する義務を持つ。そう考えると、被害者のことになるべく触れてはいけないとは一概に言えない、という答えだ。

戦争の遺族取材では、されるほうも嫌がることが多い。しかしかつて米ワシントン・ポスト紙の、ある編集幹部は大学での講演で、「戦争被害者である遺族を徹底的に取材すべきだ」と強調していた。彼女の講演録を読んで、「被害者の取材はなるべくしない」という原則を、ジャーナリズムは安易に立てるべきではないと僕は思った。殺人事件の被害者も取材に協力することで事件の真相究明に寄与し、社会的な犯罪防止の一翼を担うことができる。そう考えるべきではないか。もちろん、被害者になってしまったことで公共性が生まれる、という考え方はなかなか理解されにくいだろう。だが、そうとでも言わないと被害者を取材する根拠がなくなってしまう。

阪井　「被害者はそっとしておくべき」との考え方が当たり前になれば、たしかに被害者取材は事実上できなくなります。やはり被害者に対し、真実追究が社会の財産にも、被害者の皆さん自身の利益にもなるのだ、と根気強く訴え、協力してもらう以外にないと思います。関連する問題ですが、事件事故報道では、容疑者、被害者・被災者を実名で報道するか、匿名にするかで、ケースごと、メディアごとに判断が分かれることがしばしば起きています。これはなぜでしょうか。

推定無罪

原　メディアはこれまで、犯罪事件の容疑者は逮捕状が出れば実名報道だった。ただし少年事件は特別に更生を期待できるとして、少年法第61条の趣旨に沿って原則匿名報道をしてきた。身体障がい者や精神障がい者も、匿名の慣行が続いてきた。ところが近年、障がい者の特別扱いについては、写真撮影なども含め、健常者とまったく同じ扱いにすべきだという主張が障がい者側から出ていて、健常者並みに報道する動きが強まっている。実名・匿名の問題は、そのような社会の動きの中で、各社がケースごとに判断を迫られる時代に来ている。

阪井 司法の世界には「推定無罪」や「疑わしきは被告人の利益に」という原則があります。1975年の最高裁・白鳥決定では、刑の確定した再審にも「疑わしきは被告人の利益に」が適用されるとした。しかしこの原則を報道に援用すると、メディアは匿名報道に向かわざるを得ません。

原 容疑者の人権について言うと、新聞は94年ごろから容疑者の呼び捨てをやめ、名前に「容疑者」とつけるようになった。このころから手錠姿の写真も紙面に載らなくなり、テレビは手錠をぼかして放映するようになった。「推定無罪」というフランス革命の人権宣言以来の原則を、日本のメディアも不十分ながら一部取り入れつつある。ただ、推定無罪は司法の原則であり、ジャーナリズムは必ずしもつねに司法と同じである必要はない。君の言うとおり、推定無罪原則を厳格に適用すれば、容疑者、被告の実名は確定まで報じることができなくなる。報道が必要と判断すれば、法に反してでもみずからの責任で報道すべきだ。

阪井 被害者の場合はどうでしょうか。最近では警察が被害者の実名を発表しないケースも非常に増えていると聞きます。

原 長い間、被害者は実名報道することが当然視されてきた。しかし最近は匿名要求が強まっている。2000年代はじめ、千葉県の農村地区で夜道を横断しようとした高齢者が車にはねられ、死亡した。これを実名報道したところ、抗議がきた。同じころ、千葉県下で自宅から1億700

0万円を盗まれた被害者からも、実名報道にクレームがついた。プライバシー侵害への苦情拡大は人権意識の向上から来ている。それは一方で歓迎すべきことだが、報道する側としては予想もしていなかった新事態だ。2005年のJR福知山線事故の犠牲者107人中4人の遺族は、最後まで実名報道を拒絶し通した。テレビに出たがる人が多い半面、マスコミで騒がれるのを嫌う人も増えている。祝い事のニュースでも寄付を求められることなどを理由に、実名報道を嫌ったりする。

阪井　少年犯罪も事件の重大性や、少年の年齢などによって、実名か匿名かの対応が分かれます。少年犯罪への厳罰化を求める動きもあり、メディアの対応が揺れているように思います。

原　少年犯罪などでは、事件の内容や、扱うメディアごとに判断が違うのはやむを得ない。かつて犯行時に少年だった人物が、成人になってから再び殺人容疑で逮捕されたような場合、少年時代の事件をニュースに加えるべきか否か。これもケースバイケースの判断が求められる。同じ社の編集局内でもおそらく判断が分かれることが多いだろう。

現場から

一年間、小学校を密着取材

〔関西テレビ〕真鍋　俊永

真鍋　俊永（まなべ・としなが）――1969年生まれ。徳島県出身。広島大学工学部卒。1991年、関西テレビ入社。カメラマンをへて報道部ディレクター。大阪市の大空小学校に1年間密着し、ドキュメンタリー番組「みんなの学校」を制作。平成25年度文化庁芸術祭（テレビ・ドキュメンタリー部門）大賞、日本放送文化大賞（テレビ部門）準グランプリを受賞した。

街頭で意見を求める。事件・事故の目撃者にマイクを向ける。ひと昔前なら市民は快く応じてくれた。ところが今はそうはいかない。プライバシーの意識がまるで違う。そんな状況にあって、健常児と障害を抱える児童が同じ教室で学ぶ大阪市立南住吉大空小学校に1年間カメラを持ち込み、ドキュメンタリーを撮った。映像では顔のぼかしも、仮名もいっさい使っていない。なぜこのような作品を撮れたのか。大阪で話を聞いた。

ありのままの学校を

――大空小にはいつからいつまで、どのくらいの頻度で通い、撮影したのですか。

真鍋　2013年4月からほぼ1年間です。週に2回はまちがいなく通いました。記録を数えると、全部で138回になります。撮影の日はまず、朝8時から校門前で登校風景を撮ります。今日は学校にカメラが入るよ、と伝える合図でもありました。撮影はカメラマン、カメラ助手(音声)、私の3人。コンサートや運動会など、保護者の人たちも大勢やってくるイベントにも入り、大きなカメラを持って走り回るので、顔見知りの人もたくさんできました。

――教師に悪態をつく子。友達をなぐる子。廊下に寝ころび、教室に入らない子。毎日のようにハプニングの連続です。そんな中で子供たちは学び、鍛えられ、成長していく。たいへん感動しました。なぜこのドキュメンタリーを撮ろうとお考えになったのですか。

真鍋　橋下徹・大阪市長の教育改革が撮影のきっかけのひとつですね。大阪市の一部では2014年から学校選択制が始まりました。これによって大阪の子供たちは自分の学ぶ学校を選べるようになった。そう聞くと、いい制度のように感じる人もいるでしょう。ところが「自分が選んだ」という事実によって、学校への不満が言いにくくなる。高校のように、同じような子供たちばかりが集まる均質化した学校になる。そして学校同士が競い合うために、障害をもつ子は特別支援学級に入れ、健常児は静かな教室で勉強する。そんな選別教育でいいのだろうか、と素朴な疑問を感じたのです。

信じられない映像

――しかし多くの親は現実的です。勉強を頑張り、人を押しのけ、いい学校に入って安定した職につき、幸せを手にする。わが子にはそんな人生を歩ませたい、と考えるのがごく普通の親心でしょう。

真鍋　大空小の取り組みを見て、「健常の子たちがかわいそう」「これではとても勉強に身が入らない」と人は考えがちです。でもじつは、この学校は学力調査の結果が大阪市内でもトップクラスです。住吉区は裕福な家庭の多い地区ではありません。就学援助が半分以上、生活保護の家庭もあり、塾に通う子はクラスに1人か2人。そんな学校なのに、なぜ学力調査の成績がいいかというと、「考える」ことを大切にしているからなんです。なぜ先生に怒られたのか。なぜ友達とケンカになったのか。とにかく自分の頭で考えなければならない。これが校長先生のポリシーです。撮影を進めるうちに、教育がめざすべき道がはっきり見えてきました。

――登場する子供たちはすべて実名で、顔にも一切ぼかしが入っていません。学校取材の経験がある者にとっては、信じられない映像です。子供が撮られることをいやがる親もいたのではないですか。

真鍋　もちろんいました。うちの子は映さないで、とか。だから、実際の教室には居るのに、映像に映っていない子は何人もいます。そんなふうに、本人や親が明確に撮影を拒否した子については、削除しました。

一般的に撮られる側は漠然とした不安を感じます。映像に映ったら、何か悪いことが起こるかもしれない。映像がもとでトラブルに巻き込まれたらどうしよう。そんな不安は、学校にも親にも潜在的にあります。だからこれは「伝えたいこと」と「何かトラブルが起きること」とを天秤にかけた上での、覚悟の問題です。何か問題が起きたら、校長と私たちスタッフが責任をとる。本当に責任がとれるかは分からないんですが、そう腹をくくり、覚悟を決めるしかないのです。

もちろん校長は保護者に「関西テレビが1年間、学校に出入りしてカメラを回します」という趣旨のお知らせを配布しています。ただこれは「学校が撮影を認めた」という事実の報告です。この判断に異を唱えたい人、わが子を撮られたくない親は学校に言ってきてほしい。そんなスタンスです。「撮影してもいいですか」と全員に意向を確認したら、撮影は無理だったでしょう。

――何人くらいの親や子に「撮らないで」と言われましたか。

真鍋　はっきりと言われたのは4、5人ですね。ただ、こちらが撮りたい子については、本人が「撮るな」と言った瞬間はすぐ止めますが、次の事実が起きたときには撮る場合もありました。無駄になってもいいから、とにかく撮っておこうと。どれだけ心底から拒否しているのか、長い目で見ないと分からないからです。もちろん、最後まで拒否の意志が変わらなかった子については最終的にカットしています。

ぼかしの功罪

――近年のテレビ放送を見ると、顔にモザイクを入れるケースが非常に増えている印象を受けます。そんな中で、障害のある子が登場するドキュメンタリーをモザイクなしで撮った。しかも全員実名です。なぜモザイクなし、実名にこだわったのですか。

真鍋　保護者や学校の理解が前提ですが、「モザイク」は僕自身が嫌なんです。顔を消した映像を見るのも、つくるのも。「みんなの学校」では「どんな子でも胸を張って生きているなあ」と見る側の人が感じ取ってくれることが必要だと考え、顔を消しませんでした。とにかく理由の分からないモザイク、ぼかしが嫌なんです。これは僕のこだわりです。

――放送界の自律と番組の質向上をめざす第三者機関「放送倫理・番組向上機構」（ＢＰＯ）が２０１４年６月、全国のテレビ局に対し、安易なぼかしを入れないよう提言しています。なぜぼかしを入れてしまうのでしょうか。

真鍋　安易なぼかしを入れるな、というのはそのとおりです。でも、安易にぼかしを入れているつもりの制作者など一人もいないはずです。ぼかしなど、ないほうがいいに決まっている。結局は、何かが起きた時の責任の重さと、それが起きる可能性と、伝えたいことのために「ぼかし」をなくす必然性を比較して、覚悟をするしかない。「みんなの学校」が顔出しの成功例のように言われていますが、問題に巻き込まれる不安はつねに抱え続けています。

――犯罪の可能性の芽をすべて摘むのであれば、登場する子の顔を全部ぼかすのが一番安全だといえます。でもそんな映像で伝えたい本質が伝わるか、ということですね。

真鍋　火事現場で撮る目撃証言も同様です。臨場感はたっぷりあるが顔をぼかさないと使えない証言と、顔は出せるけれど勢いのない証言が撮れた。さあどっちを使うか、といったケースです。往々にして臨場感たっぷりのモザイク証言が選ばれたりする。安易に顔をぼかしてはいけないということはみんなある程度分かっている。それでも一人ひとりが気をつけていないと、判断がどんどんぶれていってしまう。

——作品はとても高い評価を受けました。ただ一方で、顔を出し、実名が貫かれたことで傷ついた親子がいたかもしれません。学校が何らかのダメージを受けることも考えられます。学校の教師や子供の親御さんたちの反応はどうですか。この番組のせいで迷惑しているといった声はありませんか。真鍋さんご自身はこの1年で変わりましたか。

真鍋　今も時折、大空小学校へ顔を出します。校長先生には「もう、来んでええで」と笑われています。番組を放送したばかりに、学校には全国から発達障害の子たちがたくさん集まっていて、対応に大わらわです。本当は大阪ではなく、自分たちの街に自分たちの「大空小学校」をつくるのが一番なのですが。

　日々自閉症の子に接したのはすごくいい経験でした。ぜんぜんしゃべれないし、何を考えているかも分からない。表面的には感情があるようにも見えない。そんな子もいました。でも一年通うと、機嫌がいいか悪いか、何が好きで何が嫌いか、何をしてあげれば喜ぶか、嫌がるか、みたいなものが分かってきます。

この取材をとおし、僕自身、考え方が変わりました。もっとおおらかな気持ちで生きていこう、と思うようになりました。それと「みんなの学校」は子供たちのためだけでなく、周りにいる僕たちが気づくための試みでもあったのだ、ということが分かってきました。

第5章　情報源明示はなぜ必要か

ウォーターゲート事件解明のため、米ワシントン・ポスト紙の記者に密かに協力した元連邦捜査局（FBI）副長官のマーク・フェルト氏。公表の３年後、死去した＝2005年８月（写真提供＝ロイター・共同）

講　義

大学生の君たちはやがて社会に出る。大半は一般の企業で働くことになるだろう。中には教員や公務員になる人も少なくないはずだ。しかしそんな職場で、何等かの大きな不正、社会問題を目撃してしまったら、あるいはその渦中に巻き込まれてしまったら、君たちはどうするだろうか。もちろん知らないふりをすることもできる。しかし君たちの多くは知ってしまった事実と、良心との板挟みにあって苦しむに違いない。そんな時、君たちの多くは良心に従い、告発する道を選ぶだろう。とはいっても、いったいどうやって、どこに告発するか。有力な選択肢の一つは、やはりメディアを使っての告発になる。

ネットは匿名の告発に向かない

かつて告発にはマスメディアを使うのが当たり前だった。しかし今では告発の手法も様変わりしている。

2010年9月、沖縄・尖閣諸島沖で、中国漁船と海上保安庁（海保）巡視船の衝突事故が起きた。海保の巡視船に体当たりをする中国漁船の映像の開示を政府がしぶる中、海保職員がネットを使って匿名でこの映像を流し、大問題になった。

海保職員は当初、ＣＮＮ東京支局に映像を郵送した。しかし同支局は、送られてきたものが衝突事故の映像であるとは気づかず、廃棄してしまった。せっかく送った映像がなかなか報道されず、業を煮やした海保職員は、インターネットカフェから動画投稿サイト「ユーチューブ」に投稿。映像はあっという間に全国へ拡散し、大騒ぎになった。

しかしネットは匿名の告発に向かない。個人のパソコンから匿名情報を投稿しても、捜査機関は投稿者の身元を容易に割り出せる。各パソコンに割り振られた識別番号（ｉｐアドレス）で発信元をたどることができるからだ。ネットカフェから投稿しても、防犯カメラ（監視カメラ）に来店者映像が残る。捜査機関がこれを押収すれば投稿者は簡単に特定されてしまう。

では新聞社やテレビ局を使って告発しても、投稿者の身元は同じように割り出されてしまうのか。その答えは、いちおう「否」である。新聞社やテレビ局は「情報源の秘匿」というメディア界の大原則を守るのが建前だからだ。

「情報源の秘匿」とは何か。ある情報をもたらした人が、その情報提供者であることが公になることによって多大な不利益を被ると考えられる場合、メディアはその人の身元を伏せる義務がある、という考え方である。重大な情報の漏えいがもとで大問題が起き、警察が「情報提供者を教えろ」と圧力をかけても、メディアは「情報源の秘匿」を盾に警察への協力を拒否する。なぜか。それが民主主義国家におけるメディアの役割だからである。

警察に促され、メディアが情報源を簡単に明かしてしまうと、情報提供者は身の安全を守れない。そうなると、せっかく良心に従って不正を告発しようとした人も口をつぐむしかない。権力の不正、腐敗も告発できなくなる。これでは本当の民主主義社会とは言えない。

とはいえ、海保職員は日本のマスメディアではなく、インターネットを告発の手段に選んだ。日本のマスメディアを使って告発しても、自分が意図したように、映像がすべて公開されるかどうかは分からない。それはメディア側の判断にゆだねるほかない。政府からの圧力に屈せず、映像を全面公開し、情報源を守る覚悟が日本のメディアにあるか。海保職員はその点を考え抜いた上で、より確実に公開できる方法としてネットを選んだのではないか。

マスメディアをだれもが社会の公器として認めていた時代には、このようなことはあり得なかった。告発者の意図を受け止めきれなかったという事実を、日本のマスメディアは軽く考えないほうがいいだろう。

「情報源の秘匿」の金字塔

じつはマスメディアは、権力との長い闘いをへて、「情報源の秘匿」という権利を手にした。闘いの歴史の中では、記者が逮捕されたこともあった。裁判で情報源に関する証言を拒否し、最高裁まで争ったケースもあった。その結果としてようやく手に入れたのが、この権利だ。しかしこれはメディアの側の便宜のために与えられた権利ではない。国民の知る権利を守るためにメディアが国民から託された一種の「武器」であるということを忘れてはならない。

「情報源の秘匿」というと、ベテラン世代のジャーナリストならすぐに思い浮かべる出来事がある。１９７２年から74年にかけて、米国の新聞社ワシントン・ポスト紙がニクソン米大統領の不正を暴いた「ウォーターゲート事件」だ。二人の同紙記者が独自の調査報道を続け、同大統領を辞任にまで追い込んだ。この二人の報道を支えたのが「ディープスロート」と呼ばれた情報提供者だった。

この人物が二人の記者に的確なアドバイスを幾度となく行い、一連の報道を側面から支えた。事件は本になり、映画化もされている。興味のある人は図書館やレンタルビデオ店で探してみてほしい。

情報提供者が誰なのかは、事件から30年あまり過ぎても公にならなかった。張本人が名乗り出たのは２００５年のことだ。謎の人物は事件当時のＦＢＩ（連邦捜査局）副長官。大統領の命を受けて公安情報の収集などにあたる組織のナンバー2が、大統領を窮地に追い詰める情報をポスト紙に提供し続けていたのである。この事件は情報源の秘匿を語る上で、真っ先に出てくる逸話だ。いわば「情報源の秘匿」という記者倫理の金字塔といってもいい。

情報源を守るのは容易でない

とはいえ情報源を守るのはたやすいことではない。たとえば、40年あまり前、日本で外務省機密漏えい事件というのがあった。１９７１年の沖縄返還協定の際、日米は秘密協定を結んだ。米国が日本に沖縄を返すにあたり、表向きは米国が払うことになっていた原状回復補償費400万ドルを日本がこっそり払うという約束を交わしていた。いわゆる外交密約だ。

この機密電文をつかんだのは毎日新聞の西山太吉記者だった。西山は外務省の女性事務官からこの電文を入手した。しかしなぜか紙面で大展開せず、国会の場で政府を追及してもらおうと、人を介して野党議員に託した。頼んだ相手は当時、社会党の若きプリンスといわれた横路孝弘議員(のちの北海道知事、衆議院議長)。ところが翌72年3月の衆議院予算委員会で横路が勇んで示した機密電文のコピーから、これを西山に渡した事務官が簡単に特定されてしまった。政府追及で頭がいっぱいだった横路には、情報源を守ることなど、思いいたらなかったのだろう。西山の判断もメディア倫理の観点からみれば大失敗である。

事務官は国家公務員法違反で逮捕された。西山も逮捕された。検察は、西山が男女関係を利用して事務官に接触し、機密電文を入手したとして、西山の取材手法を追及した。事務官は既婚だった。西山も既婚だった。外交問題が不倫騒ぎにすり替えられた。検察起訴状に盛り込まれた「密かに情を通じ」という文言のインパクトは大きかった。西山と毎日新聞は急速に世論の支持を失った。一記者の取材手法が、人としての倫理に反するとの攻撃を受け、その結果、国レベルの巨大な倫理違反が闇に葬られた。メディアの側に相当な覚悟がないと、国民の知る権利も、情報源の人権も守れないという典型的な例だろう。

出版ルポも重大な失敗

情報源秘匿の失敗例は新聞ばかりではない。君たちは『僕はパパを殺すことに決めた』というショッキングな題名のルポを知っているだろうか。書いたのはフリージャーナリストの草薙厚子。2006年6月、奈良県田原本町の自宅に放火し、母子3人を殺害した高校1年の長男にまつわる話をまとめ、翌07年に講談社から出版した。長男の精神鑑定を担当した医師が供述調書のコピーなどを草薙に見せ、草薙はこれを同書に大量に引用した。

奈良地検は資料内容から同医師を特定し、秘密漏示容疑で逮捕した。草薙は、捜査段階では取材源の特定につながる供述を拒否したとしているが、同医師の公判に証人として出廷した際に、情報源が同医師であることを公表した。草薙は不起訴処分。医師は最高裁まで争ったが、有罪が確定した。

公判の場で情報源を公表した理由について、草薙は「事実関係を明らかにすることが（同医師の）利益になると思った」と述べている。草薙の行った情報源の暴露が、メディアの力を借りて不正をただそうと考える未来の情報提供者をどれだけ委縮させてしまうか。その点を考えると、草薙の発言は身勝手な独りよがりといわれてもしかたないだろう。

情報源明示が大原則

ここまで読んで、諸君はきっと「そうか。取材源はどんな時でも明かさないのがルールだな」

と思っただろう。ところが取材源は、まずは明示するのが原則である。これは肝に銘じておかなければならない。情報源を秘匿するのは、公表されることで取材源が大きな不利益を被ると判断されるときに限る。つまり情報源については明示が原則、秘匿は例外と考えるべきだ。なぜか。

まず、取材源がことごとく伏せられてしまったらどうなるかを考えてみよう。あらゆる報道は、その根拠をたどることができなくなる。すると、ある報道機関の記者が仮に嘘八百を並べたとしても、だれもその真偽をただすことができない。そんな報道を市民が信用するわけがない。一方、記者でなく、取材源が嘘をついたとしても、責任の所在が明確にならない。下手をすると、「言ってもいないことをでっち上げられた」と取材源から言いがかりをつけられかねない。

ところが実際には、日本の報道は情報源を明示しないケースがやたらに目立つ。社会面によく載る事件事故の記事を読んでみるとよい。情報の出所については「○○署は」とか「○○署によると」とある。これでは情報の発信者は分からない。発言の責任を誰がとるかも不明確だ。政治面にある政治家の発言も「政府筋」「関係筋」などと読者をけむに巻くような表現がじつに多い。政治家、中央官僚、地方の役人も実名で登場する記事はきわめて少ない。

「私から聞いたことは伏せてほしいんだが、じつはこうなんだ」。マスメディアはこのように、情報源を匿名にすることを条件に情報提供を受けることがひんぱんにある。このようなケースに対し、「あなたの名前を情報源として明示できないのなら、記事にしません」とつっぱねることができるか。

たとえばこんな場合はどうだろう。暴走族が深夜に家の近所を走り回り、夜も満足に眠れないとして、新聞社に「何とか記事にしてほしい」とある住民が訴えてきたとする。新聞社はこの住民に特別な不利益はないと判断し、住民の声を実名で取り上げようとする。しかし住民は「名前を出されては困る。暴走族に逆恨みを買いたくない」と匿名を求めてきた。こんな場合、新聞社はどう判断するか。情報源を説得し、明示の原則を貫くのか。それとも情報提供者の意を受けて、情報源の秘匿の道を選ぶのか。情報提供者を説得し、実名で載せたことで情報提供者が不利益を被った場合、新聞社にその責任はあるのか、ないのか。

今の日本のマスメディアはおそらく、情報源の明示への説得は早々に諦め、事実関係について別の第三者から多少の裏づけを取った上で書く。そんな取材を繰り返すうちに、情報源を伏せたまま報道することにさほど大きな抵抗は感じなくなっている、というのが現場の感覚だろう。

米国で起きた情報源トラブル

情報源の秘匿の重要性の陰に隠れ、情報源の明示の大切さはこれまでメディア内でもあまり強調されてこなかった。しかしこの傾向がくつがえされるきっかけとなった事件が米国で起きている。

一つは米ニューヨーク・タイムズの特ダネ記者、ジェイソン・ブレアのケース。ブレアは2001年9月11日の同時多発テロ以降、イラクが大量破壊兵器を隠しているとの記事をつぎつぎと書き、国民のイラクへの敵がい心をあおった。情報源はホワイトハウス高官。記者はのちに法廷で、情報源の秘匿を理由に高官の名を伏せたため、法廷侮辱罪で3ヵ月近く刑務所に入った。情報源を守ろうとして投獄されたのだから、本来なら周囲のメディア関係者から称賛されてもよいはずである。しかし米国のメディアは、この記者に冷淡だった。なぜか。結果として権力の側に都合よく利用され、ありもしない大量破壊兵器の記事を書き、開戦へ向けて世論を誘導したからである。にせ情報をリークした政府高官の名を秘匿して胸を張られても、本末転倒である。

このほかにも大量の盗用・ねつ造記事が発覚し、同紙はブレアを懲戒解雇した。

もう一つはやや古い例だが、1980年から81年にかけて、かつてニクソン大統領を辞任に追い込んだワシントン・ポスト紙で起きた。問題の報道は、ワシントン市在住の8歳の子供がヘロインを常習しており、母親やその愛人も麻薬漬けの日々、というショッキングな告発ルポ「ジミーの世界」。ジャネット・クックという女性記者のスクープだった。米国では麻薬汚染の低年齢化が大きな社会問題となっていただけに、読者からの反響はすさまじかった。

警察はジミーを保護するために大捜索を行ったが、見つからなかった。クックは「情報源を明かすと関係者に危険が及ぶ」として、同紙の編集幹部にすら、この子供がどこにいて、母親がだれなのかを伝えなかった。この話がまったくのでっち上げであると分かったのは、ピューリツァー賞受賞が決まったあとだ。ポスト紙は同賞を辞退。読者も同紙の編集幹部も、情報源の秘匿を隠れ蓑にして嘘八百を並べたクックに、まんまとだまされてしまった。

このような事件を教訓として、近年の米国ジャーナリズムは、情報源の明示原則をきびしくする傾向にある。ニューヨーク・タイムズ紙は、①匿名情報源をできるだけ使わないようにし、②匿名にしなければならないと判断したときでも、記者は編集幹部に情報源の名、地位を明らかにし、③匿名にする場合でも記事はできるだけ情報源の立場が分かるように表現を工夫する、という方針を打ち出している（藤田博司「匿名情報源とジャーナリズム」『新聞研究』２００５年８月号）。新方針には、匿名の情報源をきびしく制限することで、権力側のリーク（情報操作）や、記者のねつ造、盗用を食い止めようという意図が込められている。

モザイクを多用するテレビ報道

一方、日本の近年の傾向について言うと、情報源明示の原則は、プライバシー保護の考え方の広がりに圧倒されている。個人情報保護法の影響で、役所や会社から町内会、ＰＴＡに至るまで、日本社会から名簿という名簿が姿を消しつつある。マンションの両隣に誰が住んでいるのかも分からない。新聞社のカメラマンが小学校へ取材に行くと、「子供の顔が写らないように気をつけて」ときびしく注文がついたりする。

テレビ報道で頻繁に登場するモザイク処理も、プライバシー保護の傾向が強まっていることの表れだろう。カメラに向かって社会へのちょっとした不満を口にする場面になると、とたんに顔にモザイクがかかり、宇宙人のような音声に変わる。匿名でなければモノを言えない社会ほど恐ろしいものはない。戦前、戦中の世の中はまさにそうだった。

他の先進各国の報道機関は、日本のテレビのようにモザイクの多用はしない。社会学者の宮台真司は、人権や報道被害に敏感な先進国であっても、テレビニュースにはモザイク処理がほとんどされていないことを指摘した上で、「つまりこれは、人権に対する敏感さの問題ではなくて、事なかれ主義の問題」と語っている（メディア総合研究所『誰のためのメディアか』花伝社、2001年）。

若者の間に意識変革の芽

最初の告発の問題に戻ろう。じつはこの問題に関連し、最近、勇気づけられる記事を読んだ。文化人類学者の上田紀行東京工業大教授へのインタビュー「『現実』はぐらかすな」（2012年9月1日付『毎日新聞』）である。

上田教授は10年ほど前から、学生に対してある質問をしてきた。「みずからの勤める会社が東南アジアの工場で公害病を起こしていると知ったら、君たちはどう行動するか」という問いである。選択肢は「匿名で告発する」「実名で告発する」「何もしない」の三つ。

2006年ごろは200人のうち、「実名で告発する」が5人、「匿名で告発する」が15人、残りの180人が「何もしない」だった。ところが東日本大震災と原発事故の後の2011年調査では、実名告発30人、匿名告発100人になった。告発を選ぶ傾向はさらに進み、2012年現在は実名50人、匿名120人。つまり告発するかしないかの数字はこの6年でほぼ逆転したのである。

「若者の意識が変わってきたのではないか」と上田教授はみる。もしそうだとしたら、「長いものには巻かれろ」的な日本の風土の中に芽生えはじめた、大きな変化の兆しといえるかもしれない。今のマスメディアは、このような変化を真摯に受け止められる存在かどうか。

情報源の扱いについて、新たなルールをつくらなければならない時代が来ているのではないか。だれもが手軽に情報を発信できる現代にあって、マスメディアだけが情報源秘匿のルールに守られればよいのか。マスメディア以外の手段を選ぶ内部告発者が血祭りにあげられても傍観するのか。ネット時代の民主主義社会にふさわしい情報源ルールをぜひ、君たちの手で編み出してほしい。

ディスカッション……………………………………原　寿雄／阪井　宏

情報源を明示するか、秘匿するか

阪井　ジャーナリストにとって大事な情報提供者の氏名は、その人を守る上で報道上秘匿するべきものかどうか、という問題があります。一方で、情報源は本来、開示すべきものだという論も強くあります。どちらを優先すべきなのでしょうか。日本では一般的に秘匿のほうが強調されてきました。

原　まず原則として考えるべきなのは、情報源の明示だ。あるニュースについて、その情報はどこから得たのか、その根拠を読者、視聴者に知らせることで、情報の信憑性が高まる。「ははーん。この人物のいう事なら信用できるからまちがいないだろう」というように、情報源を明示することはニュースの信頼性の源になる。

阪井　覆面座談会のようなものは信用ならない、ということですか。週刊誌にはよくあります。

原　そう。週刊誌によく載っている「A氏が語る」「B氏談」というのは、いくらでもでっち上げができる。だから眉唾で信用ならない。つまり情報源を明らかにする報道のほうがはるかに信用される。だから原則として、報道には情報源明記が不可欠だといえると思う。

阪井　とはいっても、情報源明示の原則は、実際に貫くとなると社会的な抵抗、反発がかなり大きいでしょう。社会がその原則を受け入れる準備ができていないと、現実的にはむずかしいケースが少なくないように感じます。

原　暴力団批判の記事に批判者名が出ていれば、「仕返しに何をされるか分からない」と怖がって、知っていることも報道陣には話してくれないことになりがちだ。つまり情報源を保護する必要のある場合には絶対に秘匿しとおす、という原則が必要になる。法律上の捜査権限もないジャーナリストが、権力批判や社会の不正義を追及する時に、情報を知っている人に安心して話してもらい、大事な資料を提供してもらうには、情報源秘匿の原則を記者たちが守ってくれるという信頼が不可欠だ。

阪井　情報源の秘匿をめぐっては、試行錯誤の歴史があります。ウォーターゲート事件のような輝かしい事例もあれば、外務省機密漏えい事件のように、情報源の秘匿も、国家犯罪の追及もままならないまま終わってしまったケースもあります。

原　沖縄密約裁判で西山記者は、外務省の女性事務官が情報源であるとばれてしまったことに強い責任を感じていたようだ。だから女性事務官が検察の意向に沿った供述をしても、反論や釈明を積極的にしようとしなかった形跡がある。そのことが、彼が有罪判決を受けた要因の一つになっているのではないか、と私は見ている。

阪井　おさらいすると、情報源の明示と秘匿については、情報源を明らかにして報道することが原則。しかし秘匿して守らなければならない場合もある。つまり優先する原則は情報源明記の方だとなります。その根拠として私は、自然科学論文に不可欠な「再現性」の確保をあげておきたいと考えます。2014年のSTAP細胞騒ぎで大問題になりましたが、自然科学の世界では論文どおりに実験すればだれでも同じ結果に行き着くことが求められる。メディアの情報源明示も同じです。

でっち上げ防止のためにも

原　そう。情報源を明記した記事であれば、読者や視聴者が内容を確認したり、問い合わせをしたりしたければできる。最初に原稿を読むデスクや上司が記事の信ぴょう性を判断するのにも必要なことだ。つまり記事のでっち上げ予防策の一つにもなる。2003年にニューヨーク・タイムズのジェイソン・ブレア記者が大量の記事ねつ造、盗用をして同紙の歴史上、最も大きい信用へのダメージを与えたと騒がれたのも、情報源が不明のままの原稿について、デスクや上司が十分確認しなかった結果といわれている。ブレア記者が黒人だったこともあって、編集幹部が同記者に甘くなった点も反省されている。

阪井　ニューヨーク・タイムズはあの事件のあと、なぜねつ造を見抜けなかったか、きびしく検証しましたね。

原　ニューヨーク・タイムズは事件を機に、情報源明記の原則を一段ときびしくしたそうだ。情報源を明記できない時でも上司の質問には答えること、記事にはなぜ匿名にするかの理由を書くこと、匿名にするとしても、どういうポストの人物で、ニュース内容を知る立場にあるかどうか、といった点が読者に分かる書き方をすることなどを求めるようになった。

阪井　たしかにニューヨーク・タイムズやワシントン・ポストの最近の記事は、情報源を明示できないと判断したケースでも、その人物の背景情報をできるだけ描き、証言の信頼性の度合いを読者が判断しやすいように工夫しています。一方で、日本の新聞にも変化が表れています。2012年8月、共同通信のニューヨーク発の記事が国内の地方紙に載りました。ニューヨークの観光名所、エンパイヤステートビルで、53歳の男が元同僚を射殺後、警官と銃撃戦になったという記事です。興味深いのは、記者会見に臨んだニューヨーク市警のケリー本部長の名が明示されていることです。ケリーの名は記事中に3回も出てくる。ところが同じ事件を扱った朝日、毎日、読売の記事には、広報責任者の名はない。日本国内の報道スタイルに沿った記述になっている。報道の事実関係に重大な誤りがあった場合、共同電のほうが責任の所在がはるかに明確であることは明らかです。

原　共同の特派員は、意図的に実名入りで原稿を書いたのだろうか。それともデスクの削り忘れかな。

阪井　たぶん削り忘れでしょう。意図的だとしたら、勇気ある挑戦ですね。共同は通信社として海外のメディアにも英文記事を配信しているので、このような記事スタイルに抵抗がなくて見落としたのかもしれません。ただ、この記事を読んで思ったのは、日本のほかのメディアも、その気になればこのくらいの改革はできるはずだということです。

ところで、情報源の秘匿についてはどう判断すべきなのでしょう。どのようなケースに、どのような条件をつけ、誰の判断で決めるべきだとお考えですか。

原　ニュースの信ぴょう性確保のため、情報源は明示するのが原則だ。ただ、情報源を明かしたら関係者に迷惑がかかると予測できるケースでは、情報源は秘匿する。しかしその場合も、情報がどれだけ信頼できるかを読者が分かるように、情報の出所について説明する記事が必要になる。その書き方を工夫すべきだ。判断するのは第一義的には取材して書く筆者自身だ。しかし、先例を知り、多くの経験をもつデスクら、ベテランの結論に任せるのが妥当な場合も少なくないだろうね。

現場から

ニュースの役割とは

〔元共同通信、上智大学教授〕藤田　博司

藤田　博司（ふじた・ひろし）――1937年、香川県高松市生まれ。東京外国語大学卒。1961年、共同通信社に入社。ベトナム・サイゴン（現ホーチミン）特派員、ニューヨーク、ワシントン両支局長を経て論説副委員長。1995年から上智大学教授、05年から早稲田大学大学院客員教授。著書に『アメリカのジャーナリズム』（岩波新書）、『どうする情報源』（リベルタ出版）。2014年死去。

「どうすれば正確で公正な報道ができるか」。マスコミが避けて通ることのできないこの問いに、一つの答えを示した。「情報源の明示こそが、報道への信頼感を高める。これが取材対象と記者の間にも、いい意味での緊張感を生み出す」。国際報道の世界で長年活躍し、退職後は大学の教壇に立った。朝日の「報道と人権委員会」委員も務めた。一貫して唱えたのは情報源明示の大切さだった。自宅近くの喫茶店で長時間にわたり、話をうかがった。ざっくばらんな語り口につい引き込まれた。この本をお見せできないのが残念でならない。

信頼できる情報のために

――マスコミはさまざまな人から情報を得て、それをもとに当事者に話を聞き、報道します。その際、だれから得た情報か、当事者がどこのだれかを明示する。これが日本のマスコミの大原則です。つまり情報源の明示と、当事者の実名公開。もちろん、情報提供者が不利益を被らないように、情報源を伏せるケースもある。未成年犯罪のように、実名を公開しないケースもあります。しかしこれらはむしろ例外です。ところがこの原則が崩れつつある。

藤田　そうね。情報源の秘匿、匿名報道で何が悪いんだ、という考え方が市民の中に少なからずある。

――原因の一つはプライバシー保護の意識の高まりです。もう一つは匿名社会の広がりでしょう。最近では「マスコミに我々のプライバシーを暴く権利があるのか」「我々の個人情報を金儲けに使うな」といった批判もよく聞きます。このような声に、マスコミの側もなぜ自分たちが公開原則をとるのか、きちっと説明できていません。

藤田　説明する努力を怠ってきた。というより今のマスコミは、公開原則を守る理由をうまく説明できなくなっているんじゃないか、と感じます。

――我々は、社会の情報をできるだけ明示し、共有し合うことで、偽情報がまかり通り、世の中が混乱する事態を防ごうとしています。そのためにも、個々の市民はいったん事件・事故に巻き込まれれば、当事者として公の立場にたち、問題解決に協力する責任が生まれる。この考え方が情報源の明示、実名公開の原則を支えているはずです。ところがこの原則について、市民の理解は広がっていません。むしろ公共に貢献するという意識は薄れている。なぜなのでしょう。

藤田　情報源を明示することがなぜ大切かということへの理解が、報道現場にないからです。明示しなければならないという意識が、ジャーナリズムの現場に最初からないの。これが最大の原因だと僕は思います。

さっきあなたが触れたように、なぜ必要かというと、伝える情報の信ぴょう性を読者、視聴者に持ってもらうためです。「これは信頼できる情報だ」ということを確かめてもらう手だてとしてね。つまり誰が提供したのか、というのは本来、情報の中身とセットになっていないとだめなんです。

――情報源の不明な情報をアタマから信じてしまうのはとても危険です。しかし、市民社会だけでなく肝心のマスコミも、情報源の明示にさほど神経をとがらせない。なぜこれほど無防備なのでしょうか。

藤田　歴史的にみると、日本の新聞は明治の時代からずっと、お上の情報をそのまま提供することが自分たちの仕事であると考えていたふしがある。つまり政府が発表すること、あるいは当局者のいうことはまちがいない。だから政府の誰が言ったのか、警察の誰が提供した情報か、といったことには頓着しない。とにかく警察がそういっているのだからまちがいないのだ、というとらえ方を日本の報道機関はずっとやってきた。そんな蓄積があるから、「警察の調べによると」の一言さえ入れれば情報源を明示したような気持ちになる。あるいは「自民党はこう言った」と書けば、あの自民党が言うことだからまちがいないよ、と思い込む。警察の誰が言ったのか、自民党の誰のコメントかなど、いちいち書かなくたっていい、という発想が生まれてくる。

——ただ、あらゆる情報について、情報源を明示していくとなると、社会全体が相当な覚悟をしなければなりません。

藤田　例外なく情報源を明示すべし、とは言いません。「原則として」という言葉をつけたほうがいい。例外をつくらなければ、内部告発などできなくなってしまうよね。だから情報源を伏せて伝えなければならないケースはある。ただし、それはあくまでも例外であって、通常のニュースは情報源をしっかり示すべきだと思う。特に公権力がかかわる情報について、権力をもつ側の誰がしゃべったのか、だれが情報提供したのか、ということをメディアは明らかにしておく義務がある。

報道の役割

——情報源を明示した信頼できる情報を、社会全体が求めなくなりつつあるように感じます。2013年1月に起きたアルジェリアの日本人人質殺傷事件にしても、だれが人質になったのかさえ、家族の意向や本人のプライバシーを理由に公開されませんでした。一部の知識人の間からも

「いちいち実名が必要か」といった声が出ました。情報の信頼性など、さして意味がないといった空気です。

藤田　報道の役割は何か、ということを大前提として押さえておく必要があると思う。つまりニュースを伝えることの意味は何か、ということね。

我々が今暮らしている社会で、いつ、どこで、何が起きて、誰がどのようにかかわって、それがなぜこうなったか、ということ。つまりこの事実をね、社会全体が共有するということが大事なんです。同じコミュニティーの中に住む人間、同じ日本の中に住む人間、あるいは同じ地球上に住む人間が、今どこで、どんなことが起きているのかを知る。あるいは、それが我々の暮らしにどうかかわってくるのかを話す。その際に、事実の具体的中身が何であったかがお互いに共有されていないと議論ができない。つまりその材料でもって、我々のコミュニティーをどうやって良くしていくか、日本の社会をどうしたら良くできるのか、といった議論をする。その時に共通の認識がないと議論にならない。共通の事実をお互いが共有していないと話が深まらない。

誰が言ったか、誰がしたか、つまり固有名詞を含めた具体的事実をお互いが共有することが基本だと思う。そうやって社会の進むべき道を決めていくのが民主主義でしょう。健全な社会を維持するためにも、僕は共通の事実関係をきちっと持てる環境をつくることがとても大事だと思う。

――まったく同感です。ただ自分のプライバシーを大切にしたいという気持ちと、社会が事実を共有することが大切であるという気持ちを天秤にかけると、今の世の中はどうしてもプライバシーの側を重視する傾向にある。同時に、今日のネット社会では、個人情報をきびしく管理しないとたちどころに悪用されたり、ささいな発言や行動がもとで不特定多数によるバッシングを受けたりします。情報伝達にバリアがなくなってしまっただけに、情報の扱いにも慎重さが必要です。

歴史を下書きする

藤田　それはたしかにある。ただメディアがなぜ実名で事実関係を記しておかなければいけないかという理由がもう一つある。それは歴史の最初のドラフト（下書き）を書く、ということです。いつ、どこで、何が起きたか、それはどういう意味があったか。いずれは歴史家が書くのだけれど、その史実を正確に記録し、書き残しておく。それがメディアのもう一つの役割だと思うんだ。その時に、いやあ、名前は分かりません。場所も分かりません。いつ起きたか、どのような状況で起きたのかも、じつはよく分かっていません。ただ、死んだのは7人でした。そんな説明では、歴史記述にならない。それでは歴史のドラフトを書いたことにならない。「そんな歴史なんて、いらないよ。自分は関心がないんだから」という人がいるかもしれない。しかし何十年かすれば、その基礎情報が必ず必要になるんです。

――未来の歴史家のためにプライバシーを侵されたくはない、という主張には何と反論しますか。

藤田　当人にとってはプライバシーの問題かもしれないけれど、報道する立場からすると、公共の関心事は記録としてきちっと残しておく義務がある。それをしっかりしないと、政府が出す情報だけが事実となって歴史に残っていく。アルジェリアの人質殺傷事件にしても、政府専用機を使って遺体を運び、生存者も運び、関係者をみんな乗せて帰ってきた。それだけ国民の税金を使ったのに、生存者の名前も言えません、何が起きたのか、生存者への取材もお断りします、という状況が続くのは、どう考えてもおかしい。同じ現場にいたインドネシアやフィリピンの従業員の証言は出てくるのに、当事者である日本人が口を閉ざしている。いくらなんでもひどすぎる。

——情報源の明示について、期待できる動きはありますか。

藤田　あまりないなあ。最近気になってしょうがないのは「どこどこへの取材で分かりました」という表現ね。新聞やテレビがよく使うでしょう。「警察への取材で分かりました」「外務省への取材で分かりました」と。でも警察の誰に取材したのか、外務省の誰が発言したのかを書かない。

——実名で報道するか、匿名で報道するかは、マスコミ各社で基準を定めています。たとえば万引きや痴漢といった微罪でも、著名人や社会的地位の高い人がやったとなると実名で出る。それだけ社会的責任が重いということでしょう。しかし一方で、公務員、警察官、教員らの不祥事の中には、実名、匿名の基準がとても曖昧なケースがある。2、3年前の話ですが、札幌で警官の上司と部下が二人でSMショーを見に行き、部下が舞台に上がり、その場で逮捕された。これは二人とも実名です。読者にとっては面白いかもしれないが、どう考えても微罪です。一方で、もっとずっと悪質な犯罪を起こした警官や公務員、政治家が匿名で報道されたりもする。マスコミに掲載基準はあっても、発表する側の判断次第で実名にも匿名にもなる。結果的に、まったく一貫性のない報道になってしまっている印象です。

藤田　編集の中枢にいる人たちの間に、一貫した考え方がないからだと思う。メディアの役割は、公共の関心事を伝えるということが大前提でしょう。それをニュースとして伝えるのなら、可能なかぎり、実名で、正確な事実を伝えるべきだよ。実名で伝えることが特定の家族、特定の人物にとって痛みをともなうものであってもね。メディアはその役割を全うすることに徹するべきだと思うんです。最近はよく、メディアは人に痛みを与えたり、感情を傷つけたりしてはならない、ということが言われます。しかしメディアは、時には報道によって人を傷つけるし、痛みを与えたりもする。それは覚悟をしなければならない。ジャーナリズムという仕事は、ある種の加害性も引き受けなければならない宿命を負っている。百パーセントいい子になんてなれないいんです。

——ただ、その原則も、発表する側の意向によって左右されます。アルジェリアの事件がそうでした。遺族感情を傷つけるから名前を出せないとなると、「そうですか」と納得する。その一方で、別の事件では「我々の仕事は原則、実名です」と言う。特に小さな組織、弱い個人に対しては原則を振りかざす。ちょっとフェアではないですね。

新聞が実名を書かない

藤田　最近は組織にも個人にも弱腰ですよ。アルジェリアの事件と同じ時期に、実名・匿名が問われた事件がありました。たとえば大津のいじめ事件。自殺した中学生の実名はいまだに出ていない。あの事件で、教育委員会と学校を相手取って民事訴訟を起こしたお父さんの名前も出ていない。裁判というのはまぎれもなく公共の場でしょう。公開の原則ですから、名前も事実関係も、全部出ているはずです。ところが新聞は、お父さんが名前の公表を拒否しているという理由で、まったく名前を載せない。

　もう一つ。大阪の高校で、バスケットボール部のコーチが暴力をふるった。この暴力教師の名前も、つい最近まで実名が出なかった。教師の実名が出るきっかけになったのは彼の懲戒処分です。処分が出る前の段階で、メディアはなぜ教師の名前を出さなかったのか。懲戒処分が出たことで実名を出せる理由は何か。役所が処分したら名前を出す、という判断はおかしくないか。役所の発表を待ったのは、役所や教師からの反発を恐れてのことでしょう。火の粉をかぶらない段階になって、初めて実名原則を始める。

——全日本の女子柔道選手が、暴力行為を受けたとして代表監督を訴えました。15人もの選手が連名で、JOC（日本オリンピック委員会）に告訴状を送った。中には五輪代表選手も含まれているそうです。ところが15人の名前は発表されません。弁護士は「彼女たちが不利な扱いを受けないように、発表しない」と言っています。これも実名報道の原則からすると、おかしな報道です。

藤田　僕もおかしいと思う。人を告発するというのは、きわめて公的な行為でしょう。告発する側は自分が誰であるかを名乗るのがふつうです。しかも15人は日本を代表する女子柔道選手。いわば公的な立場ですよ。その人たちが特定の個人の罪状を告発する以上は、当然名乗るべきだ。もちろん彼女らが名乗らなくても、告発状を受け取ったJOCは告発者の名前を把握している。メディアだって15人がだれかを知っているんだよ、きっと。知っているのに伝えない。こんなふうに、ある時は当事者の名誉や感情やプライバシーをおもんぱかって実名を書かない。でもアルジェリアの人質事件で名前の記者発表がないと、内閣記者会が要請書を出したりする。一貫性がないと言われてもしかたないよ。

――女子柔道選手たちは、実名が出ることによる不利益をどう受け止めたらよいのでしょう。藤田さんが取材者なら、公共のためにプライバシーを犠牲にするべき、と彼女たちを説得できますか。

藤田　彼女たちにとって、実名を出すことが本当に不利益なだけだろうか。そうじゃないと思うんだ。応援がきっとあるはずだよ。それと、そもそも彼女たちが不利益を被りそうになったら、メディアは黙っているべきではない。だって、彼女たちが告発したことは決してまちがったことではないもの。正当な行為なんだから。彼女たちが告発したことで将来、彼女たちが柔道連盟やオリンピック委員会から不利な扱いを受けたら、メディアは断固として15人を擁護すべきです。それが実名報道主義をとるメディアの覚悟と責任でしょう。

第6章
世論調査は信用できるか

集団的自衛権をめぐる世論調査の結果を報じる各紙。報道のトーンが大きく異なり、民意がまったく分からない＝2014年5、6月の紙面

講義

職業柄、自宅で新聞を4紙とっている。マメに目を通すうちに、各紙が毎月のように載せる世論調査の結果を読み比べるくせがついた。はたしてどれだけ世論を正確に反映しているのだろうか、と疑問を抱くことも多くなった。

たとえばこんな例がある。読売新聞が毎年実施しているプロ野球チームの人気調査と、その結果分析である（2013年3月2日『読売新聞』）。

巨人29％、オリックス0％……

「プロ野球で一番好きな球団は」の問いに、こんな回答結果が出たという。「巨人29％、阪神10％、中日6％、日本ハム4％……」。西武、ヤクルト、ロッテ、DeNAの4球団はそろって1％。オリックスに至っては0％である。この結果を受け、読売は「好きな球団　巨人がトップ」の2段見出しを立て、「巨人は、継続的に質問を始めた1992年から22年連続でトップ」と解説している。もちろん巨人は読売グループの傘下にある球団である。

何かがおかしい。読売はどのような調査方法をとったのか。欄外の調査データを見ると、こんなふうに書かれている。

・対象者＝全国の有権者3000人（250地点、層化2段無作為抽出法）
・実施方法＝個別訪問面接聴取法
・有効回収数＝1455人（回収率49％）
・回答者内訳＝男45％、女55％

世論調査は統計学的に調査地域を選び、そのエリアの住民基本台帳などをもとに対象者を抽出する。そこまでの手続きは厳正である。ところが問題はこの先だ。

世論調査の実施方法としては主に戸別訪問方式と電話方式があるが、そのどちらも近年、大変深刻な事態に陥っている。協力拒否との壮絶な戦いである。「世論調査です」と名乗る調査員に対し、扉を開け、協力してくれないのだ。

朝日の峰久和哲世論調査部長はこう打ち明ける。「面接調査は80年代後半までは回収率が80％を軽く超えていたが、最近は60％取るのに四苦八苦である」（『新聞研究』2005年7月号）。読売の今回の回収率は60％どころか、50％にも達していない。

核家族化、防犯意識の高まりなど、理由はいくつか考えられる。しかしこれは言い訳でしかない。要は、新聞の世論調査員が近年、国民にまるで歓迎されていないということである。

今回の「好きな球団」調査での実際のやりとりは想像するしかない。しかしおそらく、読売の調査員は相当に苦労したはずである。その結果、読売や巨人軍に好意的な人が扉を開け、調査に協力するケースが多かったのではないか。読売シンパを相手に好きな球団を問えば、「読売29％」も不思議ではない。むしろ2位に阪神が食い込んでいるところに、阪神ファンの「アンチ巨人魂」が垣間見えて面白い。0％とされたオリックスファンは、怒ってこう言うかもしれない。「読売調査員だというので、追い返しただけだよ」。

野球チームのファン投票であれば、笑い話で済ませられる。しかし国の政策決定にかかわる重要な問題を尋ねる世論調査で、新聞社ごとにまったく異なる結果が出てしまうことがあるとなると、笑ってはいられない。最近でもこんな事例があった。

世論調査の結果が真逆に

２０１４年春、国内では集団的自衛権の行使をめぐって議論が沸騰した。従来の憲法解釈を変え、自衛隊が他国を守るために武力を使えるようにするかどうか。各社は5月、防衛政策の根幹にかかわるこの問題について世論調査をした。ところがふたを開けると、社によって正反対の結果が出てしまったのである。

集団的自衛権の行使について、朝日は賛成が29％、反対は55％。毎日は賛成39％、反対54％。共同や日経も似たような数字だった。一方、読売は賛成71％、反対28％。産経も賛成70％、反対28％と報じたのである。つまり朝日、毎日、共同、日経は反対が多数を占め、読売、産経は賛成が圧倒したという結果になる。各社とも被験者は公正に選び、実施しているはずなのに、これほどのギャップがなぜ生まれてしまったのだろうか。

答えは選択肢の数にあった。朝日、毎日、共同、日経の設問の選択肢は二つ。「賛成」か「反対」かの二択である。一方の読売、産経の選択肢は三つ。読売の例でいくと、「全面的に使えるようにすべきだ」（賛成）と、「使えるようにする必要はない」（反対）の間に、「必要最小限の範囲で使えるようにすべきだ」（限定容認）の選択肢を加えている。この「賛成」と「限定容認」を加え、容認派が71％に達したと報じたのである。ちなみに「必要最小限の範囲で」は63％にのぼる。産経も同様の選択肢を設け、同様の結果が出た。

「必要最小限の範囲で」という選択肢を加えることにより、武力行使への抵抗が薄まるとの計算があったのだとしたら、この調査は世論誘導といえる。どうしても「必要最小限」にこだわるのであれば、もう一つの選択肢としてたとえば「可能なかぎり使わないで済む方法を探るべきだ」を加え、四択にすべきだろう。しかしここまでくると、もう世論の読みようがなくなってしまう。

設問の選択肢の設け方で、回答にこれだけの差が生まれる。そんな世論調査結果を、いったいどう読み解いたらいいのか。民意を伝えるはずの世論調査が、自社の主張を裏付けるために使われることがあるということを、我々は覚えておいたほうがよい。

世論調査のこのようなある種の欺瞞性を、国民は敏感に感じ取っているのかもしれない。そして、この感覚が調査員への非協力的な態度となって表れているのだとしたら、問題はかなり深刻である。

世論調査部長のざんげ

朝日の世論調査にも深刻な事例がある。朝日・世論調査部長の峰久は前出の『新聞研究』7月号で、朝日が紙面に掲載した「悪しき誘導的質問」の一例として「住民基本台帳ネットワークに関する世論調査」（2002年7月22日付『朝日新聞』）を取り上げている。質問と回答はこんな内容である。

【問い（1）】住民基本台帳ネットワークシステムについてうかがいます。これは、すべての国民に番号をつけて、住所、氏名、生年月日などの情報をコンピューターでひとまとめに管理するシステムです。住基ネットとも呼ばれます。あなたは、住基ネットという言葉を見たり聞いたりしたことがありますか。

・ある　59％
・ない　40％
・その他・答えない　1％

【問い（2）】住基ネットについては、個人情報が漏れたり、不正に使われたりする可能性がある、という指摘があります。あなたは、このことにどの程度不安を感じていますか。

・大いに感じている　49％
・ある程度感じている　37％
・あまり感じていない　9％
・全く感じていない　2％
・その他・答えない　3％

【問い（3）】住基ネットは8月5日から始まる予定ですが、今のままではプライバシーの保護が十分でないと、延期を求める声もあります。あなたは住基ネットを、予定通り始めるほうがよいと思いますか。それとも、延期するほうがよいと思いますか。

・予定通り始める　14％
・延期する　76％
・その他・答えない　10％

峰久の最大の反省点は、1問目の質問で、住基ネットという言葉を4割が「知らない」と答えているにもかかわらず、（2）、（3）の質問で「負の情報」を提供し、それをもとに回答させているところにある。「ここまで誘導して住基ネット導入反対の世論を『作り上げる』のは、明らかに行き過ぎであり、二度とこのような調査をしないことが（世論調査部長としての）私の務めだ」と峰久は言い切っている。

世論調査の意図的誘導はほかにもある。『「社会調査」のウソ』（谷岡一郎、文春新書、2000年）には、1997年5月2日の読売に載ったこんな事例が紹介されている。

【問い】4月1日、消費税の税率が3％から5％に引き上げられました。高齢化が急速に進む中で、いま消費税の引き上げを行わないと、財政状態がさらに悪化して、次の世代の負担が重くなったり、福祉の財源が不足するなどの影響が出ると言われています。あなたは、今回の消費税の引き上げを、当然だと思いますか、やむを得ないと思いますか、それとも、納得できないと思いますか。

・当然だ　5・4％
・やむを得ない　50・7％
・納得できない　42・6％
・答えない　1・2％

この事例に、谷岡は憤りを隠さない。

「わざわざ『やむを得ない』という日本人が好みそうな（賛成か反対かもはっきりしない）選択肢を用意しておいて、ほかは強い調子の選択肢にしているところを見ると、読売新聞の調査部にはこうしたテクニックをよく知った上で悪用している人間がいるのではと疑いたくなる。こんな調査で『消費税上げ56％が容認』などという大見出しをつくった者は、名前を名乗るべきである。」

死刑制度の調査にも疑義

同様の事例はまだある。死刑制度への賛否をめぐる日本国内の世論についても、近年、誘導の疑いが浮上している。

日本は先進国の中ではめずらしく、死刑制度を堅持している国である。国は「国民の85％が死刑を支持している」との数字（２００９年実施の政府世論調査）を制度維持の根拠にしている。ところが英国のＮＧＯ団体「デス・ペナルティー・プロジェクト（ＤＰＰ）」は、日本の「死刑積極支持派」はそれほど多くない、との結果を弾き出した（２０１３年３月13日付『朝日新聞』）。

同団体が日本の調査会社に登録する男女計２万人を対象に調べたところ、①死刑は絶対にあったほうがよい（44％）、②あった方がよい（35％）、③廃止した方がよい（３％）、だった。この結果をもとに、同団体は「死刑積極支持は44％」と弾く。では「85・6％が死刑を支持」した、との結果が出た政府調査はどのようなものだったのか。

同団体によると、政府による世論調査の選択肢は、①どんな場合でも死刑は廃止すべきだ、②場合によっては死刑もやむを得ない、③分からない――の三つから選ぶ方式だという。これについて同団体は「設問が客観的ではない」と批判。「国民が死刑に関する情報を十分に得たうえで判断すれば、世論調査は違った結果になるのではないか」と分析している。

ＤＰＰの調査そのものがはたして客観的かという問題もある。「あった方がよい」の35％を切り捨てる結論も乱暴すぎる。そもそも、なぜ英国のＮＧＯが日本の死刑制度の意識調査をしたのか、という背景が気になる。ＤＰＰは死刑廃止をめざす団体で、英国外務省から資金を得ている。

いわば、どっちもどっちである。ただ、政府世論調査の選択肢づくりに、「場合によっては死刑もやむを得ない」が多数派となることへの期待感が働いているのではないか、という疑念はぬぐえない。

「原発ゼロ７割」の民意どこへ

マスコミが行う世論調査は政治に重大な影響をもたらす。内閣支持率、政党支持率をもとに、メディアは「民意はこうだ」と書き、放送する。政治家もその数字に一喜一憂する。安倍政権の前までは、支持率の下がった首相が毎年のように交代し、海外から「回転ドア」（新たな首相がつぎつぎと表れることへの皮肉）と揶揄されるほどの短命政治が続いてきた。このような世論調査が、はたして国民の知る権利にこたえているといえるだろうか。政治の劣化と国民の政治不信をむしろ助長する機能を果たしてはいないか。

世論調査のこのような問題点を克服する切り札として、「討論型世論調査」という手法が２０１０年代に入ってから注目を集めはじめた。これは世論調査に答えた人を集め、専門家を交えた討論会に参加してもらい、意見がどう変化するかをみる手法だ。深く知らないテーマについて、公平公正な知識を得た上で再び調査に答えてもらう。そうすることで偏りのない民意をつかもうという手法である。

２０１２年夏、政府は討論を組み込んだこの手法を使い、２０３０年の国の「原発依存度」を何％にすべきかについて、国民の民意を探った。選択肢は、①０％、②15％、③20～25％の三つ。反原発派からは「参加者の比率が公正でない」「国民の意見を誘導しようとしている」といった不信の声が上がった。原発維持・推進派の経団連は「選択肢が現実的でない」と、調査そのものに冷水を浴びせた。

８月下旬、討論型世論調査の結果がまとまった。「原発０％」派は47％、「15％」派15％、「20～25％」派13％。大方の予想に反し、「原発０％」派は討論前の33％から14ポイントも増えた。討論することで「原発ゼロは非現実的」というメッセージが参加者に伝わるだろう、と考えた原発維持・推進派側の読みは、大きく外れてしまったのである。

同時期に政府が国民に対して行った「パブリックコメント」（意見公募）では90％が、また全国11カ所で行った意見聴取会では68％が、いずれも原発ゼロを支持した。国民の意志は明らかだった。民主・野田政権は同年9月、「2030年代の原発稼働ゼロ」をめざすことを閣議決定した。ところが同年12月の総選挙で自民党が圧勝、安倍晋三が首相に返り咲いた。翌2013年1月の国会答弁で、安倍はこう言明する。「前政権が掲げた『2030年代に原発稼働ゼロ』の方針は具体的根拠を伴っていない。ゼロベースで見直す」。半年前に国民が示した脱原発への意志を全否定する発言である。ところがその安倍が、2013年3月時点で70%にも迫る驚異的な支持を得た。国民は半年前の意思表示を早々と撤回したのだろうか。

おそらく原発には反対だが、経済再生はしばらく安倍に任せてみよう、との国民の意思なのだろう。しかしそうすると、民意は、脱原発は経済再生より優先度が低いと判断していることになる。はたして本当にそうか。このあたりを掘り下げるのもまた世論調査の仕事であろう。

消費増税、日中・日韓関係、年金、そして憲法改正……。世論調査がはじき出す得体のしれない数字に、我々は振り回されて続けている。

ディスカッション……………………………原　寿雄／阪井　宏

事実がどこまで伝わっているか

阪井　まずうかがいたいのは、世論調査は世論をどれだけ反映しているといえるかということです。

原　それが一番重大な問題だよ。ジャーナリズムには事実の報道とオピニオンの報道がある。事実の報道を受けて、意見が表明される。ところが、その意見の元となる事実を十分に報道しないで、市民の意見を聞いてばかりいる、というのが今の世論調査ではないかな。たとえば２００５年のＮＨＫの世論調査によると、日本国憲法を読んだことのある人は全体の43％しかいない。それなのに各社は、みんなが憲法を読んでいる前提で世論調査をやってしまう。読んでもいないのに、「憲法改定に賛成ですか反対ですか」なんて聞いて、どれだけの意味があるのだろう。

阪井　そもそも判断の元となる事実を知らないまま世論調査をやって、その結果を民意としていいのか、ということですね。

原　世論調査についてジャーナリズムが問題にしなければならないのは、世論調査をする際に、その調査の判断材料となる事実をどこまで公正な立場で読者、視聴者に届けたかではないだろうか。意見を形成する上で必要な基礎知識をどれだけ分かりやすく伝えたか。そのことの検証がないのではないか。集団的自衛権についても、ある調査では知っている人と知らない人がほぼ同数なんだ。知っている人に対してさらに詳しく追求してみると、いかに適当な知識で判断をしているかがばれてしまう。ＮＨＫの調査をやった人たち自身がその問題に疑問を表明している。事実を知らない国民に事実を伝えないまま調査して、それが世論といえるのか、という問いを表明したんだ。

阪井　ＮＨＫ内部の職員からの問題提起ですか。

原　放送文化研究所の人たちが書いている。

阪井　重い提起ですね。

原　そうだよ。さらに二つ目の問題点としては、そういう欠陥構造の世論調査なのに、その世論調査で世論をリードしようという「ための世論調査」を毎月やっている。そういう不見識なことをやって、そのたびに大きな扱いのニュースになる。

阪井　一つ目は、事実の報道を十分にしないまま世論調査だけやって意見を形成させ、世論を作るというのは、科学的世論調査の趣旨に本来反するということ。二つ目は、世論をリードしているようなふりをして、世論を拡大再生産するということですね。

原　そうだ。やるなら本格的な討論型世論調査をやるべきなんだ。

討論型世論調査の試み

阪井　しかし２０１２年に原発廃止をテーマに行った討論型世論調査はいったい何だったんでしょう。討論を重ねた上で世論調査をしてみたら、政府・東電側が予測した以上に不利な結果が出た。するとその調査結果はいつの間にかうやむやにされてしまいました。要するに本当に市民の声を聞くつもりなどそもそもなかったのだろう、と。討論型世論調査そのものへの失望感も広がりました。この世論調査方式を熱心に推し進めてきた市民団体への信頼も失われたのではないでしょうか。以後、もう一度やってみようという声は聞こえません。

原　あの例に懲りてやめてしまうのではなく、今度は本物の討論型世論調査をやって、きちんと発表すればいい。そのくらいの金を新聞社は使ってみるべきだ。

阪井　討論型世論調査をもっと改良すれば、よりよい世論調査ができると思いますか。

原　できると思う。世論調査が一種の啓蒙活動になっていくのではないか。民主主義を勉強するための教室になってほしいという願いもある。

阪井　討論型世論調査では結果的に「原発ゼロ支持」が40数%でいちばん多かった。討論をする前の調査時よりも増えてしまった。これは討論を通して冷静に学べば原発の必要性を理解してもらえるだろうという政府、東電の期待を見事に裏切った。結果はいつの間にかうやむやになり、民主党政権の後に出てきた安倍首相が原発ゼロの政府見解の全面見直しを表明した。国民の意向は無視された形になった。それに対して当事者である国民の側から反発の声が今ひとつ高まらない。これはいったいどういうふうに考えたらいいのでしょうか。

原　ジャーナリズムがしっかり反発しないからだよ。国民もまたおとなしいから、ジャーナリズムに従っている。ネットの世界ではどうだったのだろう。

阪井　ネット上ではむしろ安倍首相への応援の声のほうが多かったのではないでしょうか。なぜこんなに物分かりがいいのか不思議です。

原　それは事実がしっかり報道されなかったからではないか。討論型の結果が悪かったからといってネグってしまわれれば、ふつうなら怒るよ。その怒りの先頭にメディアが立つべきなんだ。そのへんが抜けてしまっているのではないか。

世論調査の落とし穴

阪井　私は世論調査を疑ってかかっているほうだと思います。世論調査ははたしてどれだけ市民の意見を反映できるのでしょうか。

原　世論調査は世間の人がいうほどいい加減なものじゃないらしい。「サンプルがたった1000人で分かるのか」とよく言われるけれど、統計学的には1000人でいいんだそうだ。スープに何かをまぜてね、その一滴を飲んで、全体のスープの味がこうだったと判断をするのはまちがっていない。スープの味は一滴を飲めば分かるんだ。それと同じように、統計学的な世論調査というのは1000人を調査すれば分かる。ただ、今は回収率が60％を切るケースが多いんだよ。そのたびに61％にするとか無理な数字合わせをする。あれはインチキだ。60％すれすれの基礎データが出ている世論調査は信用しないほうがいい。

阪井　読売の「好きな球団調査」の回収率は49％でした。

原　40％台というのは問題だ。本当だったら発表できないレベルだろう。ちょっとひどすぎる。もう旧来型の世論調査はやめたほうがいいんだよ。つまり調査対象者の側から拒絶されているわけなんだ。特に電話調査では、携帯電話を調査の対象にしていない。対象は家の電話だけだ。今の時代、若い人は据付型の固定電話を持っていないよ。だから若者の意見が反映されない。世論調査の限界みたいなのを、本当は新聞が上・中・下の連載企画でやるべきだよ。

阪井 調査の仕方そのものの欠陥はどうでしょうか。

原 調査の仕方の問題点としては、選択肢の並べ方がある。一番最初に書かれたものに、回答が一番集まるんだよ。これは心理学的にも証明されているらしい。だから最高裁判所の裁判官の国民審査は昔、あいうえお順か何かで並べていたんだけれど、いざ審査の結果をみると最初の裁判官が一番×が多かった。そこである時から並べ順を抽選で決めるようになったそうだ。統計論では常識だそうだよ。

結果をどう受け止めるか

阪井 世論調査の結果というのを原さんはどういうふうに見ていますか。

原 まあ、同じような世論調査の歴史的変化、1月前、2月前、1年前なんかとくらべれば、おおざっぱな傾向は分かる。つまりおおざっぱな傾向の参考にはなるのではないか。

阪井 歴史的変化をくらべながら見ていけば全体的な傾向がわかってくるということですが、その世論調査を判断の手がかりにしていますか。それともあくまで参考程度ですか。

原 今の世論といわれるものの参考資料だよね。本当の世論かどうかは確かではないが、これがとりあえず世論といわれるものかと。その程度の数字だよ。

阪井　まったくの世論とは受け止めませんか。

原　それはわからない。世論の何かを示してはいる。だから僕らの目に見えるのは、分かるのは「変化」だよね。過去の数字とくらべて、ああこういうふうに移っていくのかと、そこから何を拾い出すかだろう。それぞれの人が自分の知識に従って何らかの傾向を拾い出すということになるのではないか。

阪井　世論調査の設問の仕方や表現方法で、気になるものはありますか。

原　「やむを得ない」という表現だ。「やむを得ない」という表現を世論調査の選択肢に加えるのは相当おかしい。事実を聴くべきときに、「やむを得ないかどうか」という意思を聴いてしまっている。「やむを得ない」派と積極肯定派をいっしょくたにして、「肯定派が多い」という結論にしてしまう。「やむを得ない」が選択肢に入っている世論調査は一切信用するべきではない、と言ってもいいのではないか。賛成か、反対かで聞いているときに、このような選択肢を忍び込ませるのは、新聞を使って政治を変えようというトップの社会観、世界観の反映といえるのではないか。

現場から

世論調査の舞台裏

［朝日新聞］吉田　貴文

吉田　貴文（よしだ・たかふみ）――1962年、兵庫県宝塚市生まれ。86年、朝日新聞社入社。政治部で首相官邸、自民党などを担当。1998年以降、主に世論調査センターで調査の企画・実施・分析に従事。衆参両院選挙の情勢調査や国際調査など、さまざまな世論調査にかかわる。著書に『政治を考えたいあなたへの80問』（共著、朝日新聞社）、『世論調査と政治』（講談社＋α新書）。

内閣支持率、景況感など、世論調査の報道を毎月のように目にする。ただ、調査の仕組みを理解している一般市民はごく少数だろう。著書『世論調査と政治』を読むと、対象者の抽出、質問項目の作成など、じつに厳密に行われていることに驚く。しかしそれでも気をつけないと恣意的な要素がもぐりこむという。人の手が加わるかぎり、完ぺきな世論をつかむのはむずかしい。とはいえ、どのような調査がなされているかは民主主義のバロメーターでもある。

世論調査が抱える問題

――世論調査はなぜ必要なのでしょうか。民主主義のシステムの中では、世論を知るためのツールとして欠かせないということですか。

吉田　そうですね。最近は、マスコミの世論調査が世の中の声を映していない、との批判もあります。でも、市民の判断材料と考えれば存在意義がある。判断のための材料は、多ければ多いほどいい。独裁的な国だと、情報は独裁者の元に集まります。市民の目には届かない。情報を独り占めした独裁者が、思いのままに政治の方向を決める。そんな世の中より、いろいろな材料が市民に提供され、それによってさまざまな意見をもてる社会のほうがいい。市民が考えるための材料として、世論調査は民主主義社会に欠かせないでしょう。

――最近の世論調査が抱える問題は何でしょう。

吉田　今は多くの調査を電話調査でやっていますが、この方式で協力してもらえる人がどんどん減っているのです。おまけにこの調査方法では20代の若者をぜんぜん拾えません。当たり前です。若者は固定電話をほとんど持っていないからです。20代の意見を正しくとれているとはいいがたいのが実情です。

――ひと昔前は大半の世論調査を面接で行っていました。私も記者時代に、世論調査のサンプル抽出作業を手伝わされました。選挙管理委員会へ行って、選挙人名簿から対象者の名前、住所、生年月日など書き写すのです。電話でも大変なのに、面接となると余計に手間がかかるでしょう。

吉田　面接方式は世論調査の基本です。方法はどの社もだいたい同じでしょう。まず、選挙人名簿から対象者を確定する作業を行います。対象者の住所を調べ、はがきを出すんです。「世論調査をやりますので、ご協力ください」と予告する。調査日程は2日間と限られています。2日のうちに接触する努力をして、取れた数を集計します。でも実際には不在だったり、忙しかったり、入院してしまっていたりする。転居している場合もある。そのような場合は回収できないので、接触できない分だけ回収率が減っていきます。近年の問題として、調査に協力してもらえない人が本当に増えている。それが回収率を大きく下げる原因になっているんです。

――回収できないことで全体の調査人数が減ってしまうのを防ぐため、対象者を追加したりすることはないのですか。

吉田　うちの調査ではしていません。結果がゆがんでしまいますから。あくまでも最初にとった枠組みの中でやるのが大前提です。ただ、会社によっては補充をかけているところもあるようです。統計的にはあまりよくないのですが。

――読売は人気のプロ野球チームについての世論調査を年に一度行います。2014年は巨人が29%、阪神は10%、ほかは数%で、オリックスがゼロでした。何だか手前みそっぽくて、調査にバイアスがかかっているのではないかという気がします。読売のファンが積極的に調査に協力してくれたからこの数字になったのではないか、と。

吉田　趣味の調査はしんどいところがあります。フランスのブルデューという社会学者が、世論調査には向く質問と向かない質問がある、といっています。世論調査に向く質問は、多くの人がだいたいの情報を得ていて、答えることができる、という条件を満たしていることが必要なのだそうです。趣味の問題となると、知っているけれど関心がない、という人にとっては積極的には答えたくない。多くの人が関心をもつ公共的なテーマで、しかもある程度切実感のある問題が向いていると言えるでしょう。ただ、うちでも好きな球団を聞いたことはあります。やはり巨人が多く出て、自民党支持層との相関関係がありました。

――朝日が行った住基ネットの世論調査は正直、驚きました。あのような恣意的な質問が、いくつもの関門をすり抜けてしまうというのは、ちょっと恐ろしさを感じます。

吉田　あれは良くない質問ですね。質問を作る作業は絶対に1人や2人に任せきりにしません。必ず集団討議にかけます。素案をさまざまな目で徹底的にたたくんです。「この質問は何を言っているのか分からない」「この質問は政治に強い関心をもっていない人は答えられない」といった具合に。それでも抜け落ちることがある。社論として一つの方向に強く流れている時に、気づけなかったりする。住基ネットが典型例です。別の視点から「ちょっと待った」と言えるかどうかですね。

世論調査の読み方

――著書の中で、世論調査の読み方、世論調査リテラシーが大切だとお書きになっています。調査の特徴や、結果の読み方を知ることで、どのような世界が見えてくるのでしょうか。

吉田　リテラシーなどというと偉そうに聞こえますが、要はもっと興味をもつと面白いよ、ということです。単なる統計や数字でも、興味をもってよく見ると、背後にいろいろなメッセージを読み取ることができます。内閣支持率も、単に上がった、下がっただけでなく、過去の内閣とくらべたらどうかと。上がり方、下がり方にもさまざまな特徴があります。調査方法はずっと同じなので、過去にさかのぼればさまざまな発見があります。これに世代別や男女別といったクロス集計があれば、また面白い。自分たちの世代はどうなのか、男女で異なる考え方が出ていないだろうか、と。

記者は調査結果の中で一番目立ったところをニュースにします。でも調査結果の読み方は一つではない。素材は記者にも読者にも等しく公開されている。記者の気づかない別の視点が当然ある。これは書く側としては恐ろしいことでもあるんです。油断すると、ちょっと誘導っぽいね、とか、分析が浅いなあ、とつっ込まれるわけ。でもそこにある種の緊張関係が生まれる。そう考えると、世論調査はじつに面白い素材です。

――眉唾な調査を見抜くポイントはありますか。

吉田　自分の感覚とちょっと違うなあ、という引っかかりを大切にすることですね。好きなプロ野球球団の調査もそうですが、巨人ファンであれば当然と思える結果も、オリックスファンにとってはすごく違和感がある。結果に共感する人には見えにくいけれど、反対意見の人には引っかかりがある。つまり結果を批判的に見るということが大切なのでしょう。
それと、大きく出る数字も少し距離を置いて見たほうがいい。過半数を超えると、多数のほうがどんどん膨らんでいく可能性がある。少数者が多数派にどんどん巻き込まれ、声を上げられなくなる。しかも多くの人が共感していく。それが一番恐ろしいですね。
僕は世論調査の結果が「7割支持」とか「8割支持」と出た場合は、じつはあまり信用していません。本当は6対4くらいが世論としては健全だろうと思う。これが8割、9割となったら本来の世論に別の力が働いている心配があります。

——雪だるまですか。

吉田 そう、雪だるまです。どちらかにある種のドライブがかかっている可能性がありますね。独裁国家でその国の指導者を支持しますか、と聞いたら百パーセントの支持になる。それはやはり、何かがおかしいんです。数字が大きすぎる時は冷静になって「本当かなあ」と疑ったほうがいい。世論調査自体にも、ある意見が強く出ると全体がそちらに引き寄せられることがありうるでしょう。数字調査にはそういう恐ろしい面があるかもしれません。

——最近の世論調査では、中国を嫌いだと答える日本人が9割を超えているそうです。逆に日本を嫌う中国人も8割を超えています。

吉田 9割を超えるということは10人中9人が中国を嫌っているということです。とても冷静な数字とはいえません。もちろん日本だけではない。「沈黙のらせん」[*]という理論はドイツのナチズムの研究から導き出されたものです。1950年代にアメリカで吹き荒れたマッカーシー旋風も同じですね。

＊「沈黙のらせん」――同調を求める社会的圧力によって少数派が沈黙を余儀なくされていくという考え方。

――赤狩りと称して、国をあげて言論弾圧に走り、社会が大混乱に陥りました。

吉田　政治の流れとしてはつねにある危険です。ただ、「10人中9人」といった数字が出た場合に、「それでも1割が異なる意見を持っている」という事実を大切にしなければいけない。調査の秘密性、匿名性をしっかり守り、少数意見の持ち主が特定されないようにして、数字を出してブレーキをかける。「10人中9人」は相当危険な段階にきていることは確かです。

――マスコミの側が、ある種の先入観をもって調査をするということもあるのでしょうか。ニュースになるように題材やテーマを意図的に選ぶことはあり得ます。

吉田　記者の本性として、記事を大きくつくりたいという感覚がある。その意味で、記事をどう作るかが先行する場合はあるかもしれません。紙面であれば、第1面に大きく扱ってもらいたい、という感覚です。そうするとニュースになりそうな文脈に調査項目が引っ張られることがありうる。

世論調査は科学ですから、質問項目をつくる際には仮説が必要です。でもそれに引っ張られすぎるとまずい。仮説の結果に落ち着くように質問をつくり、仮説の裏付けになるような材料ばかりとるといったことでは、調査の意義を失う。仮説に引っ張られる恐れはつねにあります。その意味では、ジャーナリストも世論調査のリテラシーを高める必要があるでしょう。

第7章 内緒話《オフレコ》をなぜ書くか

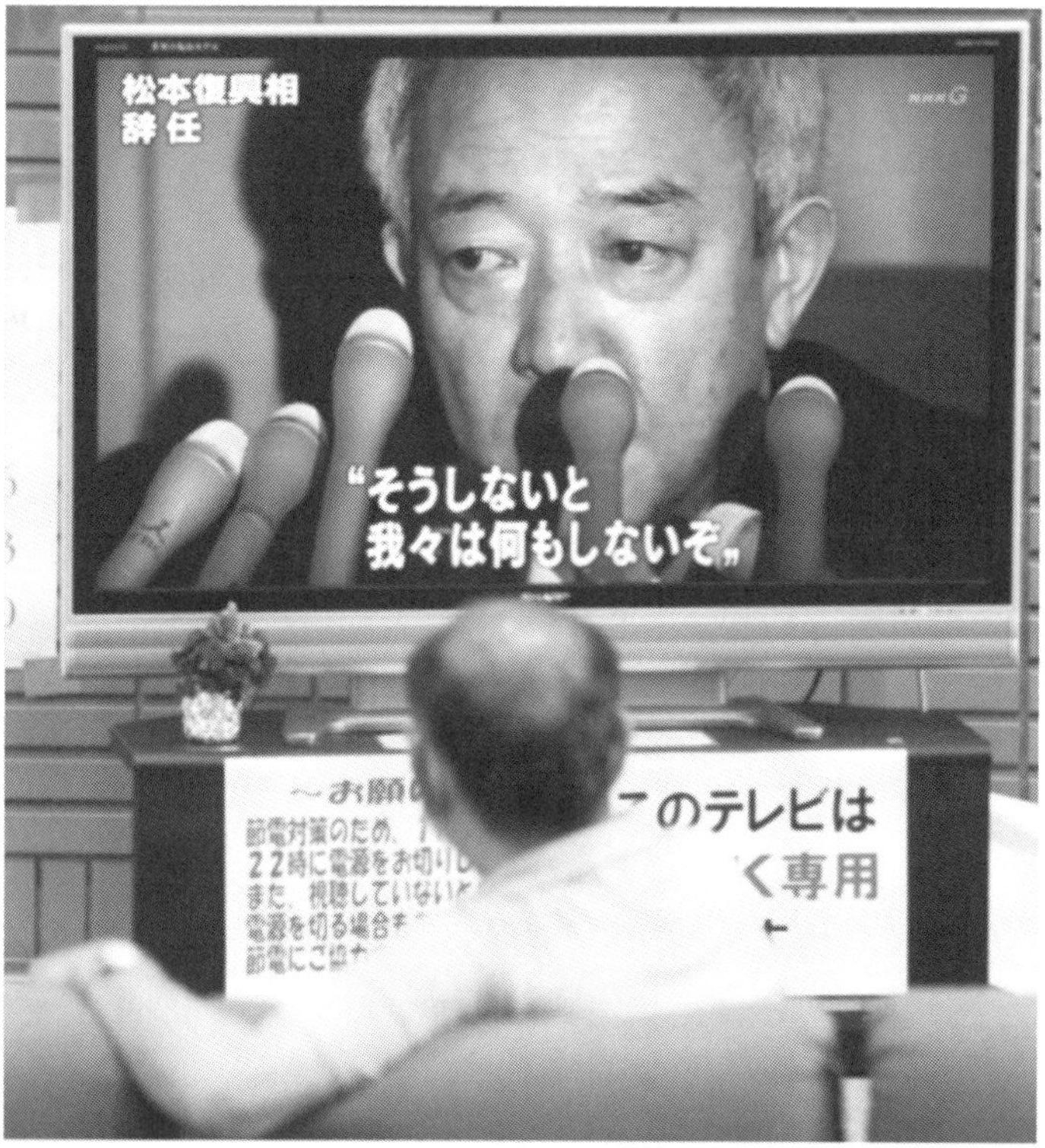

村井嘉浩宮城県知事を叱責したあと、「今の言葉はオフレコです」と語った松本龍復興担当相の辞任会見ニュースを見る被災地の住民＝2011年7月、福島市（写真提供＝共同通信）

講　義

オフレコ取材の内幕

「オフレコ」という言葉を、君たちは新聞で読んだり、テレビで耳にしたりしたことがあるだろう。英語の「off-the-record（非公式に）」から来ている。僕たちも日常生活の中でよくやる。「ここだけの話だけどさ」と前置きしての内緒話。あの感覚である。

政治家や官僚、経済人はよくオフレコ指定をする。報道しないこと、外に漏らさないことを条件に、踏み込んだ発言をする。大雑把にいうとオフレコには、内容を一切公表しない「完全オフレコ」と、情報提供者の名前や肩書を伏せて「政府筋」などと出所をぼかせば報道できる「オフレコ懇談」の2種類がある。ただ、ここでは便宜上「完全オフレコ」のみを「オフレコ」として扱う。

ではなぜこのような「ひそひそ話」をするのか。報道しないことが前提なら、そんなものを聞く必要もないし、わざわざ出席する意味もないではないか、と多くの人が思うだろう。

情報提供者がこのようなことをする目的は何か。一般的に言って、報道内容が自分たちに不都合な方向へ流れないようにコントロールする、という意味合いが大きい。その上で政治家や官僚は、身内意識を利用して記者を自分たちの側に取り込もうとする。ときには、ある情報をわざと流して世論の反応を探ることもある。これを「観測気球」と呼んでいる。

オフレコはよくメディアへのサービスを装う。しかし冷静に考えれば、政治家や官僚、経済人がみすみす自分たちに不利益になるようなオフレコ情報を流すわけがない。

では記者にとって、オフレコの場に身を置くメリットは何か。それはもちろん、知らない情報を耳に入れておくということだ。自分だけ事情を知らないというのは恐怖である。それに君たちも、仲間うちの話に入れないのは気分が悪いだろう。しかし記者がオフレコ取材に加わる最大の理由は、相手との信頼関係を築くということではないかと思う。利用されていると感じながら、オフレコの輪に加わる。しかしこのサークル内に入れば書きたくても書けない。多くの記者が「書けない話を聞く」ジレンマを感じながら出席しているはずである。

オフレコ指定は、記者たちの手足をしばる。ただ一方で、他社も書けないという横並び感覚がある。抜かれる心配がない安心感。そんなもたれ合いの構図も手伝い、オフレコ取材はなくならない。しかしこんな取材ばかりしていては報道機関としてあまりに情けない。実際、「オフレコ取材」は記者クラブ批判の大きな柱の一つになっている。

「これは完全にオフレコです」と相手に言われてしまうと、その約束は簡単に破れない。相手が怒るからだけでない。オフレコを条件に話を聞いたほかの記者も許さない。それでも聞いた内容をどうしても記事にしたいと思ったら、まず相手方（情報提供者側）に「オフレコ解除」を申し入れる。しかし、たいていの場合、解除されない。そうなると、オフレコを破ることを通告した上で書く。「約束を破ります」と宣言する。一方、オフレコ取材は記者クラブなどが主催することが多い。このため情報提供者側だけでなく、記者クラブにも通告するルールになっている。

取材の前提となった約束を破れば、情報提供者との信頼関係は断ち切られる。以後、この記者が同じ人物から情報を得ることはまず無理だ。しかもクラブから処分を受ける。どのような処分かというと、しばらくの間、クラブに入れてもらえなくなる。いわば仲間外れだ。官公庁や経済界の取材などは、クラブで入手する情報が大きなウエートを占める。その情報が入ってこなくなる。日々の仕事へのダメージは大きい。これらの痛手を覚悟の上で実行するかどうか、という判断になる。

各社で異なるオフレコへの姿勢

オフレコについては、各社で判断が分かれる。

朝日は「記者行動基準」で次のように定めている。「報じないことに同意したうえで取材をする、いわゆるオフレコ（オフ・ザ・レコード）を安易に約束しない。約束した場合でも、発言内容を報道する社会的意義が大きいと判断したときは、その取材相手と交渉し、オフレコを解除するよう努める」。つまりこれは「オフレコの約束をしてしまっても、報道すべきことはする方向で、頑張って記事にしよう」ということだ。オフレコ破り容認派といえる。

一方、読売はまったく異なるスタンスだ。「記者行動規範」には「オフレコの約束は厳守しなければならない」と明記されている。つまり読売は「オフレコ破りはしない」と会社をあげて宣言している。

国内の主要新聞社で構成する「日本新聞協会」は1996年にオフレコ取材についての見解を出している。「真実や事実の深層、実態に迫り、その背景を正確に把握するための有効な方法」としたうえで、「結果として国民の知る権利にこたえうる重要な手段」とオフレコの重要性を評価する。その上で、「（オフレコの約束には）破られてはならない道義的責任がある」と言い切っている。これはどちらかというと、読売のスタンスに近い。

海外ではどうか。米国では基本的にオフレコは記事にしない。いったんオフレコと決めたら破らないというルールは、日本よりはるかに徹底している。一方で、「政府高官」などと発言者を特定しない方法で報じるケースはある。「バックグラウンド・ブリーフィング」だ。これは日本の「オフレコ懇談」に近い。しかし、全般的にみて、オフレコのルール、取材する側とされる側のルールは日本よりずっとしっかりしている。これはニュースソース秘匿を法的に保障する法律「シールド法」が州ごとに定められていることと密接につながっていると思われる。

日本におけるオフレコのルールは非常にあいまいだ。あってなきがごとき暗黙の了解までである。そもそもオフレコの範囲をどこからどこまでとするかなどは、その場の雰囲気で決まったりすることがある。また、オフレコを破ったときの責任は記者が負うのか、会社が負うのか。情報提供者は、オフレコの約束を個々の記者とするのか、クラブとするのか、会社とするのか。こういった点も判然としない。どこかで明確に決めておかないと、このルールについて国民の理解を得るのはむずかしいだろう。あいまいなままにすれば、情報提供者とマスコミが結託して情報操作をしている、と見られても反論できない。

このところ、オフレコやそれに類するものは評判が悪い。

東日本大震災から3ヵ月あまりのちの2011年7月、松本龍復興担当相が被災地へ行き、宮城県の村井嘉浩知事と会見した。会見の席に知事が遅れてやってきたことに松本復興相が腹を立て、「お客さんが来る時は、自分が入ってから呼べ」と語ったあと、記者団に向かって「今の言葉はオフレコです。書いたら、その社は終わりだから」と述べた。クギを刺したはずなのに、その様子はテレビでそのまま放映されてしまった。大臣が放った報道陣への一言を、視聴者はどう受け止めただろう。「マスコミはこうやって大事な情報を隠すのか」と受け止めた人も多かったのではないか。あの場でのくわしいやりとりは不明だが、記者団が「今の発言はオフレコになじまない」と堂々と反論できなかったのだとしたら、何とも情けない。

震災から半年後の同年9月、鉢呂経済産業相は事故が起きた福島県の原子力発電所を視察した。帰京後、非公式の記者懇談で記者の1人に防災服の袖をこすりつけるようにして「ほら、放射能」と冗談を言ったらしい。また記者会見では、原発周辺市町村について「死のまち」と表現した。被災者の気持ちを逆なでする言葉としてひんしゅくを買った。のちに鉢呂は発言を撤回したものの、批判は収まらず、失言の責任をとって辞任した。

「ほら、放射能」発言は、じつはどこの記者と、いつ交わしたやりとりだったのか、真相が分かっていない。「死のまち」発言もなぜあれほどの批判を浴びなければならなかったのか、個人的には理解できない。「死のまち」という表現は、じつはその前にも紙面で何度か見た記憶がある。担当閣僚の発言だから特別に重いのか。しかし映像を見るかぎり、ゴーストタウンそのものとしか思えない。「一種の言葉狩りではないか」という指摘があった。そのとおりだと思う。一連の鉢呂発言はオフレコではなく「失言」だ。しかしオフレコと失言の境界は何か、と考えさせられる事例だった。

同じ2011年11月。那覇市内の居酒屋で、田中聡沖縄防衛局長が非公式の記者懇談をした。酒の入った席で、普天間飛行場の移設に向けた環境影響評価の評価書提出時期について、明言していない理由を記者に聞かれた。田中局長は「おかす前に、おかしますよと言いますか」と発言した。懇談後、琉球新報は「発言内容を報じる公共性、公益性がある」と判断し、報道した。同紙は「人権感覚に著しく欠ける発言。県民が知るべき情報」と掲載理由を説明している。

オフレコを必要とした時代も

マスメディアが正しい情報を得るには、オフレコに頼るしかなかった時代もあった。それは戦時中だ。30年以上も前、北海道新聞の元記者、小岩井進さん（故人）から敗戦間際の息づまるようなオフレコ懇談について、話を聞く機会があった。

1945年8月、9日のソ連参戦から15日の日本敗北までの6日間、最高戦争指導会議や閣議は、ポツダム宣言の受諾をめぐって揺れ動いた。審議の経過は外部に漏れないよう、強いかん口令が敷かれた。しかしその審議経過を記者の何人かは閣僚の口から直接聞きだしていた。小岩井さんもその一人だった。

取材先は石渡荘太郎宮内相の官舎。石渡と大蔵省記者クラブの記者たちの間には、石渡が蔵相だったころから強い信頼関係があった。官舎に通ったのは朝日、読売報知、中日、同盟通信（共同通信の前身）の各記者と、小岩井さんの5人。午後7時か8時ごろ、各社が順番で用意する車に相乗りして官舎へ向かい、深夜に引き上げる毎日だったという。

最高戦争指導会議や閣議での生々しいやりとりを、小岩井さんたちは石渡の口から直接、1週間近くも聞きだしていた。ほかに同様の例があったかどうかは分からない。しかしおそらく、戦時中の新聞記者の取材活動の中でも、きわめて例外的なケースだったのではないか。

では戦時中の記者は、このようなオフレコ情報を紙面にどう生かしたのか。そのまま書くことはもちろんできない。彼らにできたことは、戦時体制下の「戦う紙面」を、戦争の終結が近いことを暗ににおわす紙面へと軌道修正することくらいだったらしい。その程度の軌道修正にどれほどの効果があったかは分からない。読者のためというよりも、新聞社側の組織防衛のためのオフレコ情報収集だったのではないか。もちろん戦争遂行に加担した新聞の責任を免罪する口実にもならない（小岩井証言は北海道新聞労働組合編『記者たちの戦争』＝径書房＝に詳しい）。

オフレコは評判が悪い。しかし、かといってすべて公式（オンレコ）取材にしてしまえば問題が解決するかといえば、そうともいえない。国民の「知る権利」にこたえるために、相手の懐に飛び込んで情報を取らなければならないケースはしばしばあるからである。

せめて公権力の持ち主が、無意味なオフレコを乱発しようとしたら、記者はその話がなぜオフレコなのかを問い返すことを基本動作とすべきだろう。記者は書くのが仕事である。道理の通らない口封じには乗らないという姿勢は明確に示したほうがよい。

そのように筋をとおすと、取材相手から嫌われないかと心配する人もいるだろう。じつはそうでもないのである。僕の記憶では、太鼓もちのように妙に調子の良い記者よりも、むしろ骨っぽくて少々扱いづらい記者のほうが、はるかに取材相手から一目置かれ、信頼を集めていたように思う。

ディスカッション……………………………………原　寿雄／阪井　宏

オフレコ暴言

阪井　政治家や役人のオフレコ発言問題が近年、頻繁に報道されています。２０１１年末にも、沖縄・米軍普天間飛行場代替施設建設のアセスメント評価書の提出時期をめぐり、田中聡沖縄防衛局長のオフレコ発言を琉球新報が報道し、大問題になりました。

原　レイプにたとえて「(おかす前に) これからおかしますよと言いますか」という内容だったそうだ。人権侵害もはなはだしい。ひどい発言だ。

阪井　局長の品性の問題ではないでしょうか。お互い、多少は酒が回っていたのでしょうか。じつは僕はこの記事が報道に値するのだろうかと、ずっと懐疑的でした。僕が記者として聞いていて、許せないと思ったのなら、その場で「もう一度言ってみろ」と声を張り上げるでしょう。品性の卑しい男の酒場での戯言《ざれごと》に対しては、その場で恫喝するしかない。あとになってから「じつはあの発言は問題では」などと言い出すのは違和感があります。琉球新報の記者にはちょっと酷かもしれませんが。

原　琉球新報は酒席懇談会に参加していた記者が社に戻って上司と相談の結果、聞き逃せない発言だから報道しようということになった。沖縄防衛局に連絡してオフレコ解除を要請したが聞き入れられず、自分たちの責任で報道したという経緯らしい。約束破りの点は一般社会の倫理並みに謝罪・遺憾の意を記事で書くべきだろう。同業者に事前連絡するのも礼儀と言える。その上で、報道機関の対応としては、自分たちの選択、経緯を報道するのが筋だろう。公共性、公益性があり、重大ニュースの価値があると判断すれば、当然、報道すべきだ。琉球新報の決断を私は評価してきたが、(ルールを破った点については) やはり記事で謝罪したほうがよかった。

阪井　あのようなたとえ話を平気でできる品性の卑しい男から酒場で聞いた与太話でも、公共性、公益性があったとみるべきでしょうか。

酒席懇談はどうなのか

原　それよりも、評価書の提出時期で緊張していたあの時期に、オフレコを承知で酒席懇談に応じた記者団の姿勢が基本的に問題なのではないか。この事件を機に、オフレコを当然視してきた記者クラブの慣行を「このままでいいのか」と問い直すべきだ。これまでもいろいろな機会に問題提起したが、なかなか議論が深まらない。

阪井　オフレコ肯定派からは、今は報道できなくても、当事者や専門家の内輪の話を聞けるのなら、情勢判断を正確にする上で勉強になる。それに発言をそのまますぐには報道できない場合でも、報道に役立てることは可能だから必要だ、という意見を耳にします。

原　たしかにそういう効能はあるだろうが、それは日常の取材でやるべきことではないのか。特に問題なのは、オフレコ懇談で発言者を匿名にしてある種の情報を流すことで、社会の反応を見る観測気球に使われたり、世論操作に手を貸したり、政界でしばしば政敵を葬る工作に与したりするケースが少なくないことだ。オフレコは情報源の狙いに協力してしまう危険が大きい。その点を批判して、オフレコ不参加宣言をした英紙の例もあるくらいだ。

阪井　メディア王のルパート・マードックが名門タイムズなどを買収し、イギリス新聞界の支配を強めた際、これに反発した記者が１９８６年に『インディペンデント』紙を創刊しました。彼らは「懇談は政治家の陰謀に利用されやすい」としてオフレコ絶縁宣言をしています。その後、どうなったのでしょう。

原　私はその時、拍手した一人だったが、1991年の湾岸戦争の際にせっかくの意図も挫折してしまった。米国の戦況情報がすべてオフレコだったため、インディペンデント編集局は情勢判断に困り果て、宣言を取り下げざるを得なかった。オフレコを全面的に廃止することは当面むずかしいだろう。ただ、日本では閉鎖的な記者クラブ制度があるため、弊害が余計に大きい。

オフレコ会見をどう見直すか

阪井　では、具体的にどう見直していけばいいのでしょうか。

原　見直し論議にあたっては、考えるべき点が二つある。

第一は、「記者会見は誰のものか」という観点から考えること。記者クラブに安住する記者たちは、会見を自分たちのものと勘違いしてしまうきらいがある。会見の模様を県庁内で放映したら、「質問記者の映像を勝手に公開されては困る」とクラブから抗議があったという話を最近も聞いた。県知事の記者会見は公のものであり、報道陣の後ろには県民が控えている。その代行者として記者は質問、追及しているのだということを忘れている。フリー記者が会見に出れば、生中継で住民に映像を直接送ることもできる時代だ。長い間、記者会見を私してきた惰性が今も続いているのかと、記者の時代錯誤に驚かされる。

記者会見は国民、社会のもので、取材陣のものではない。だから大蔵省は国有財産である官公庁の部屋を無料で記者クラブに貸与していいと、1956年から認めてきたのだ。民間業者である新聞社が特典を与えられてきたのは、その公共性のためであることを忘れるなと言いたい。

さらに私的交際の場を除いて、公人による公的な問題についての発言は、すべて知る権利の対象になる。記者懇談だからといって私的な懇談ではない。この点をはっきり確認して会見に臨むべきだ。全国に800ぐらいあるという一般紙の記者クラブは圧倒的に役所にあることが多いが、その記者会見は中央、地方政府が行政上の問題について国民、住民に説明責任を果たす場であり、内容は知る権利の対象になるべきものだ。

第二は誰のためのオフレコ会見か、という観点が不可欠であるということ。新聞協会の見解を読むと、報道陣にとってのメリットが強調されているが、はたして本当にそうだろうか。私が見聞してきたかぎりでは、情報源、つまり発信者側にとっての必要性からオフレコが求められることが圧倒的に多いと思う。名前を出すとあとで責任問題になって困るので匿名で話したい、というのがじつに多い。外務省や防衛省のオフレコ懇談では、外国への影響を考えての匿名希望が多いのも分からないではない。しかし大半は、記者たちに当局の狙いを理解してもらう目的のバックグラウンド・ブリーフィングではないか。オフレコの説明を毎回聞かされるうちに、外務省的、防衛省的な国際情勢の見方に慣れるケースが少なくないと思う。これなどは一種のオリエンテーション（方向づけ、進路教育）と言えないか。

阪井　ジャーナリストはどう対応したらよいのでしょう。

原　オフレコ対策をあげれば、①記者クラブはオンレコ会見しか認めない原則を立てる、②つねに他の情報源からの入手可能性を考えて、オフレコの安易な約束はしない、③オフレコ懇談の途中でもニュースにすべきだと判断したら、必ず解除を請求する、などが考えられる。現場では、オフレコの功罪を改めて論議し、一つひとつチェックしながら極力減らしていくほかないだろう。

現場から

防衛局長の暴言を紙面に

［琉球新報］普久原　均

普久原　均（ふくはら・ひとし）――1965年、沖縄市（旧コザ市）生まれ。早稲田大学卒。政経部、県政担当、東京報道部、県政キャップを経て経済部長、報道本部長、論説副委員長。報道本部長時代の2011年11月、沖縄防衛局長がオフレコ懇談会で語った「おかす前におかすといいますか」発言の記事化を指示した。

地元・沖縄では警察回りや県政をこなし、東京勤務時代は内閣府、防衛省、外務省を担当した。当然、オフレコの意味や重みも十分理解している。それでも、編集幹部として沖縄の防衛省トップの発言を見過ごせなかった。「これまでもさまざまな問題発言を聞いてきました。でもこれほど悪質な暴言はなかった」。沖縄は米軍基地問題を抱えている。米軍や日本政府に対し、理不尽なことは絶対に許さない、という構えが地元マスコミにはある。穏やかな語り口に芯の強さがにじむ。

酒席での暴言を記事にした経緯

——2011年11月、沖縄防衛局長が懇談の中でもらしたオフレコ発言について、編集本部長として記事化を指示されました。問題の経緯と判断の背景についてうかがいたいと思います。

普久原 事実経過から申しますと、ほぼ毎月1回、定例で沖縄防衛局長と県内に本社、支局がある新聞、テレビ、通信社との定例記者懇談会がありました。局長と記者による懇談という趣旨で始まって、当該局長が赴任してからはオフレコ懇談という位置づけになっていたようです。オフレコには、通常のオフレコと、完全オフレコがあります。後者はいっさい記事にしないという約束です。当該局長はこの日も冒頭に「完オフだよ、完オフ」といった発言をしていたらしい。ただ、うちの記者は少し遅れて参加したために、この発言は聞いていないと言っています。

うちの記者が加わった時、二つあるテーブルのうち、局長のテーブルにはすでに4、5人の記者がつき、局長を囲んでいた。うちの記者は局長から少し遠い別のテーブルの端についたようです。すでに局長はいろいろなことを話していた。懇談ではお酒が入っていた。ただ、まだ始まって1時間もたっていないので、局長も酩酊状態ではなかったようです。

うちの記者は局長から離れて座っていたので、声が届きにくかった。そこで質問もけっこう大声でしていた。局長も大声でこたえていたそうです。うちの記者は「環境アセスメントの報告書はいつ出すのか」と質問した。それに対し、局長が「おかす前におかすって言いますか」と答えた。記者は「一瞬、アタマが真っ白になった」と言っています。アセスの提出時期を聞いたのに、なぜ「おかす」という言葉が出てくるのか。懇談が進むにつれ、徐々に「あの発言は許せない」という怒りが募ってきた。前後の文脈からすると、局長は明らかに「おかす」という言葉を「レイプする」という意味で使っていた。

記者は政治部デスクに、このような発言があったと報告し、指示を求めた。当日のデスクは「おかす」の言葉を局長がどのような文脈の中で口にしたのかを確認したうえで、「局長に記事化することを通告し、釈明コメントをとった上で原稿を出すように」と指示した。

記者は局長の携帯番号を知らなかったので、同席していた防衛局の広報責任者に電話し、局長のコメントを求めた。広報責任者は「え、あれはオフレコだろ？　あれを書いたら出入り禁止になるよ」と言った。結局、広報責任者は局長につながず、「そのような発言をしたかどうかについてもコメントしない」というコメントをした。そこでこの発言を入れて記事を出稿したのです。

当夜、担当デスクから紙面化について相談を受けたとき、私は1995年の防衛施設庁長官の問題発言を思い出しました。長官は「(村山富市)総理の頭が悪いから」といって更迭された。じつはこれもオフレコの懇談会で出た発言だった。ところがその発言に対し、メディアの対応が報道する側と報道しない側に分かれたのです。そして私の記憶では、この暴言を記事にしなかったほうが問題になった。メディアの仕事は市民の知る権利に奉仕するためのウォッチドッグ(番犬)として権力を監視することなのに、何もほえないのはおかしいのではないか、という批判のほうが説得力があった。その記憶が頭をよぎり、現場に出稿するように指示したのです。

――翌日朝刊で一面トップに掲載したあと、防衛施設局からはどのような反応がありましたか。完オフを破ったことについて、他社は何か言ってきましたか。

普久原　防衛施設局については出入り禁止になりませんでした。ただ、懇談自体がなくなりました。特に通告があったわけでなく、自然に消滅しました。他社からの批判的な声は特に聴いていません。

――この後、施設局との関係はどのようになっていくとお考えですか。

普久原　出入り禁止にするのであれば、そうなったという事実を報道するつもりでした。その結果については県民に判断してもらえばいいことです。

――そもそもオフレコは何のためにあるとお考えですか。

普久原　我々は、市民に変わって、市民の知る権利を代行するために存在しています。その前提にたつと、オフレコもまた、読者・視聴者に伝えなければいけない内情を明らかにするための制度でなければならない。しかし特定の情報を持つ公的機関の人間には、時には自分の立場を明らかにはできない事情がある。それなら立場を伏せた形で話を聞き、報道に生かす。これがオフレコ本来の意義だと僕は理解しているのです。

ところが今回の発言はどうでしょう。沖縄防衛局トップという立場を伏せて、市民の知る権利の代行者が聞かなければならない発言かどうか。きわめて重い責任をもつ人間が、まったく非常識な暴言を吐いた。それだけの話です。彼の非常識ぶりを、オフレコという制度で守る必要はどこにもない。むしろ報道しないほうが、メディアとしての職務放棄ではないか。

僕はオフレコ懇談を否定しません。貴重な情報を得ることもたびたびあります。交渉の舞台裏の話にしても、いずれ連載や解説記事を書くときに生かせたりする。そのような機会に原稿に溶かし込んで書くことで、知る権利をもつ市民に伝えることができる。ところが今回の暴言はどうか。暴言があったかなかったかでしかない。オフレコで聞くべき情報とはまったく次元が別なのです。

オフレコ懇談を御用聞きにしないために

——懇談に出席していた記者は、その場での撤回要求は考えなかったのでしょうか。

普久原　本人は局長の発言に驚き、しばらく絶句してしまったらしいです。この発言をどうすべきか、デスクに問い合わせたものの、多忙なデスクからは返事がなかった。そうやって時間が過ぎた。今から思えば、たしかにその場で言うべきだったかもしれません。しかし私には彼の対応を責められません。

——このようなケースが今後も起きるかもしれません。その時はどのような指示をされますか。

普久原　今回を教訓にするのであれば、やはりその場で撤回を求めたほうがいいでしょう。一番すっきりするかもしれません。もちろんその場の状況にもよりますが。

――私が担当デスクなら「その場でケンカしてこい」と言うでしょう。まずビールをぶっかけたいですね。争いを好まない記者にとっては酷かもしれません。でも、ひと暴れし、それを記事にすべきです。引き金は局長の暴言だ、と洗いざらい書く。つまり、いざとなったらこっちもやるぞ、というファイティングポーズをとっていないと、オフレコ懇談は結局、御用聞きのような場になってしまう。人間として許せないことは絶対に認めない、という構えをつねに持っていたい。これは現役時代の私の反省でもあります。

普久原　おっしゃる通りです。本人は一晩中苦しんだみたいです。

――読者の反応はどうでしたか。

普久原　この件ほど、県内と県外で反応が分かれたケースはありません。県内は僕の知るかぎり、抗議の電話は1本もありませんでした。すべて激励でした。ところが県外は半分以上が「なぜオフレコを書くんだ」という攻撃です。これほどくっきり分かれるケースはめずらしいです。

――なぜ「オフレコを書くな」と反発する人がいるのでしょう。メディアの役割は本来、情報を包み隠さず市民に伝えることですよね。

普久原　不思議です。防衛局長といえば防衛省が沖縄に送り込むトップです。その人物の発言を、自分たちには知らせるな、と言う。民主主義社会では、権力者をチェックするのが市民の役割であるはずなのに。倒錯しています。自分たちの利益がどちらにあるのかを合理的に判断しない。彼らはおそらく、沖縄のメディアを攻撃したいだけなのでしょう。

Ⅲ　記者の足元が問われる

第8章 マー君の高額契約は正当か

田中将大投手の米大リーグ・ヤンキース入りを報じるスポーツ各紙。特大文字で１６０億円を超える高額契約を伝えた＝２０１４年１月

講　義

高額年俸への疑問

プロ野球選手のマー君こと、田中将大《まさひろ》投手の名を聞いたことのない人はおそらくいないだろう。北海道の駒大苫小牧高校時代から、超高校級の逸材としてプロ野球スカウト陣の注目を集めた。球威とコントロールを武器に、甲子園でも大活躍だった。

東北楽天ゴールデンイーグルスにドラフト一位指名を受け、高校卒業と同時にプロ球界入り。2007年から2013年まで、計175試合に登板した。通算成績は99勝35敗3セーブ。中でも13年度は28試合に出て24勝、負けなしという数字を残した。1シーズンを通してこれだけの試合に登板し、一つも黒星のない投手は日本のプロ野球界史上、初めてだ。

1988年11月生まれ。面構えは男っぽいが、笑うと愛嬌がある。性格も素直で憎めない。楽天ファンでなくても、不思議と応援したくなってしまう。

その田中が2014年1月、大リーグ球団ニューヨーク・ヤンキースと契約を結んだ。米国一の名門球団が提示したのは7年で総額1億5500万ドル（約160億円）。この契約金は尋常ではない。7年で割ると年俸2214万ドル（約23億円）となる。メディアは大騒ぎをした。新聞も1面に大きな見出しを立て、メジャーから破格の評価を得た日本球界の大エースに拍手を送った。

しかし、この年俸金額はどう見ても異常だ。たとえば年収1000万円のサラリーマンがいるとする。国内ではもちろんかなりの高給取りの部類に入る。しかし田中の契約金160億円によってこのサラリーマンがいったい何年間、1000万円の高収入を維持できるか。単純計算すると、答えは1600年間である。つまりこのサラリーマンは、聖徳太子誕生前の飛鳥時代（西暦592〜710年）から1000万円ずつもらい続けても、まだ100年あまり先の22世紀半ばまで収入が途絶えず、悠悠自適に暮らせる。

日本人大リーガーの中でも、年俸にして2214万ドルという田中の契約金は抜きん出ている。マリナーズへ移籍したイチローでも2008年から5年契約で9000万ドル（年俸1800万ドル）、ヤンキースの松井秀喜も2006年から4年契約で5200万ドル（同1300万ドル）、レンジャーズのダルビッシュ有は2012年から6年契約で6000万ドル（同1000万ドル）。つい7年前まで普通の高校生だった25歳の田中青年が手にしたのは、日本の平均的な一球団がチームの全選手に支払う年俸総額をはるかに上回る大金だという。

貸し切りジェット機で渡米

ヤンキースへの移籍が決まった田中は2014年2月、成田空港発のボーイング787型機でニューヨークへ向かった。新聞各紙はその際の様子を小さな記事で紹介している。20行足らずの記事を読んで僕は驚いた。最新鋭機に乗り込んだのは田中本人と妻を含む計5人と犬1匹。田中家のための完全なチャーター便である。費用は田中が負担したという。

数千万円のチャーター料を個人で支払う。もちろん、だれに迷惑をかけるわけでもない。目くじらを立てなくてもいいではないか、という人もいるだろう。たしかに、若くして財を成し、気分の大きくなる青年はどこにでもいる。アメリカのカジノに出かけ、一晩で数百万円をすって帰ってくる政治家、財界人だっている。そんな金銭感覚の彼らに日本や日本経済の明日を託したいとは思わないが、異国の賭博場で大損するのは彼らの自由ではある。

しかし田中のふるまいを、小さなベタ記事で扱うニュース感覚に、僕はちょっと違和感を覚える。メディアの姿勢として甘すぎないか。少なくとも金満大リーガー一年生の金銭感覚に、人生の先輩として苦言を呈するくらいはすべきではないか。

実業家や政治家が公然とこんな振る舞いをすれば、いくら私費を投じてのぜいたくであってもメディアは叩くだろう。なぜ許さないか。社会の倫理感覚に著しく反するからである。

一国の命運をにぎる総理大臣でさえ年収は2千数百万円程度だ。国内の上場企業でも、報酬が1億円を超える経営者は443人（『役員四季報2015年版』東洋経済新報社）。彼らが家族のために大型ジェット機を飛ばすような振る舞いをすれば、会社幹部や従業員は愛想をつかすに違いない。

もちろん日産のカルロス・ゴーン社長のように年間10億円以上の報酬を手にする役員も、国内には５人いる。しかしそのゴーンでさえ、マー君の年俸の半分以下だ。この一野球選手の高額契約を称賛するメディアの感覚は、いったいどこからくるのだろう。

一部に批判の声も

田中の高額契約を批判的に取り上げた報道は、新聞にもテレビにもほとんどなかった。『週刊現代』が腹いせまじりの特集を組んだのが唯一の例ではないか。同誌は契約が固まる直前の２０１３年12月14日号で「プロ野球の高額契約　大人の仕事をナメていないか」とのタイトルで特集を組んでいる。

同誌は米大リーグチーム30球団すべてが田中に興味を示している、と途中経過を紹介したあと、すでに取りざたされていた１６０億円という提示金額について、野球関係者やファンの間に静かにくすぶる疑問の声を並べている。

「１６０億もの金額を20代の若者に出すのはまちがっている。必要以上のカネを持たせれば、大半の若者は人生を誤る」と語るのは作家の伊集院静だ。一方、楽天監督として田中を育てた野村克也も「簡単に移籍できるようになり、カネももらえるようになったいま、（中略）球団も選手もカネがすべてになっている気がしてならない」と苦言を呈する。かつてニューヨーク・ヤンキースの主砲として活躍した松井秀喜も「自分も含め、プロ野球選手の年俸は高すぎる」。同誌によると松井は、高額年俸がいずれファンの反発を買い、野球離れにつながるかもしれない、との危惧を抱いているそうだ。

とはいえ、この特集の1ヵ月後、ヤンキースと田中の間で正式に交わされた高額契約を同誌がさらにきびしく取り上げることはなかった。田中の門出に冷や水を浴びせた前回特集への読者の反応が、思ったほど芳しくなかったのかもしれない。

イチローの年俸で討論

大リーグは田中に、なぜ一生かけても使いきれないほどの大金を払えるのか。それは、興行として成り立つからである。チケット収入だけではない。グッズの売り上げや、命名権料、広告料も大きい。さらに、田中を獲得すれば大勢の日本人ファンが球場に足を運ぶ。日本のテレビ局からも莫大な放映権料が転がり込む。球団経営の仕組みには詳しくないが、おそらくそれらのトータルにより、選手獲得に大金を積めるのだろう。

「夢を追ってメジャー入りしたのだ。金のことなどとやかく言わず、応援してあげればいいじゃないか」と田中ファンは首をかしげるかもしれない。しかし格差社会の矛盾に光を当て、貧困をなくそうと訴えるメディアが、究極の勝ち組である田中と、格差社会そのものであるメジャーの経営システムに無関心でいいのだろうか。プロ野球を聖域扱いにし、思考を止めていないか。

じつは、NHKのテレビ番組「ハーバード白熱教室」で大人気となった政治哲学者、マイケル・サンデル教授は、あらゆるものがカネで取引される風潮を批判する中で、大リーガーの年俸問題を例にあげている。2010年8月、来日したサンデル教授は、東京大学での特別講義でもこのテーマを取り上げた。タイトルは「イチローの年俸は高すぎる?」。

サンデルが投げかける問い

講義の中でサンデルは、日本の学校の教員の平均年収が4万5000ドル(約400万円)であることを紹介したあと、当時、日本人で一番の高額収入を得ている人物として、米大リーガーのイチローをあげた。イチローの当時の年収は1800万ドル(約15億円)。サンデルはイチローが学校の教員の約400倍の稼ぎに値するだろうか、と学生に問いかけた。学生の意見は分かれた。

さらにサンデルが取り上げたのはオバマ大統領だ。オバマの年収は40万ドル(約3500万円)。イチローは米大統領の42倍も稼いでいる。世界に強大な影響力と重い責任を持つ米大統領職は、イチローの2・3%の給料にしか値しないのだろうか。

イチローとオバマの所得格差について、ある学生は公正であると答え、ある学生は不公正と主張した。サンデルはどちらに正義があり、公正であるかについて、明確な判断は示さない。ただ、所得と富の格差、経済的な不平等について、市民がオープンに議論することの大切さを強調し、講義を終えた。

あらゆるものが売り買いの対象となる市場主義社会。そのシステムがもたらした象徴的な現象の一つが大リーガーたちの高収入だ、とサンデルは言う。しかし売り手と買い手の双方が満足するのであれば、それでいい。富める者と貧しい者の格差を広げるといっても、市場主義によって手にするメリットもまた大きい。そう主張する声は決して小さくない。むしろ今の世の中ではこちらのほうが多数派だろう。

市場主義で社会が腐敗

じつは、サンデルは近著*"What Money Can't Buy"*（邦訳『それをお金で買いますか——市場主義の限界』早川書房、２０１２年）の中で、プロ野球界をむしばむ商業主義の病を嘆いている。同書の中でサンデルは、スタジアムの持つ公共性について次のように述べる。「20世紀の大半の期間、球場は企業幹部が労働者と並んで座り、ホットドッグやビールを買うために誰もが同じ列に並び、雨が降れば金持ちも貧しい人も等しく濡れる場所だった。ところがここ数十年で事態は変わった」。

今日のスタジアムはスカイボックスという空調完備の特別席を設け、富裕層と庶民とが明確に隔てられる空間となった。10億ドル規模という野球グッズ市場では折れたバット、汚れたボールはもちろん、選手が噛み終えたチューインガムまでが売り買いされる。選手が名場面を演じたグラウンドの土が、「聖なる土」としてスプーン1杯ずつ袋詰めされ、コレクターの手に渡る。サンデルはそんな現状を悲しげに報告している。

つまりサンデルの主張はこうである。市場主義によってあらゆるものが売買の対象となり、それが格差の拡大を生む。と同時に、富める者と貧しい者が共に生きる空間も失われる。その結果、これまで社会を支えてきた公共心や良識がむしばまれ、社会が腐敗していく。簡単にいうと、社会の規範や道徳心をお金で買えば、やがて社会は堕落していく、との危機意識である。

野球だけではない

もちろんスポーツ選手の高額年俸と市場主義は大リーグだけの問題ではない。朝日は2012年4月1日のGLOBEで、米誌が載せた「2011年の主なスポーツ選手の収入」を紹介している。1位はゴルフのタイガー・ウッズ（米国、6229万ドル、60億円）、2位もゴルフのフィル・ミケルソン（米国、6119万ドル）、3位はテニスのロジャー・フェデラー（スイス、5278万ドル）。以下、ボクシング、F1、バスケットボール、サッカー、アメリカンフットボールと続き、野球はアレックス・ロドリゲス（米国、3600万ドル）がようやく10位に滑り込んでいる。世界的にみると野球はあくまでマイナースポーツだ。

どのスポーツ界にもおそらく、似たような商業主義の嵐が吹き荒れているに違いない。ただ、日本国内で最も市場主義的な動きが色濃いのは、やはり野球だろう。報酬が1億円を超える上場企業経営者が500人足らずという日本国内で、プロ野球界には年俸が1億円を超える選手が80人もいる。もちろん大半は20代の青年である。

ちなみに同じプロスポーツのサッカーJリーグで、2014年度に1億円以上の年俸を手にした日本人選手は７人。しかも全員１億円台どまりだ。日本人選手の最高年俸は遠藤保仁、田中マルクス闘莉王の１億５０００万円。７人の平均は１億２０００万円。野球選手の年俸とは雲泥の差がある。

このような現状に報道は無関心である。いや、無関心というより、プロ球界の年俸レースをあおっているといったほうがいい。シーズンオフの契約更改時期、フロントと交渉する選手たちの一喜一憂をメディアは追う。大金が積み上げられ、一億円プレーヤーが誕生するたびに、新聞もテレビも選手と一緒になってはしゃぐ。高額年俸への批判精神はゼロに近い。

国内のプロ野球選手を取り巻く環境にはさまざまな課題がある。引退後、生計を立てていくことに四苦八苦する元プロ野球選手の話は、じつは少なくない。彼らがユニホームを脱いだあと、長い人生を生きていく上での社会のサポートはお粗末というほかない。

日本のプロ野球界にも年金制度があった。創設は１９６４年。半世紀前にプロスポーツ選手の年金制度を導入したのは先見の明があったといえる。しかし出資元の日本野球機構（ＮＰＢ）の資金難により、２０１２年で廃止されてしまった。

廃止された日本の年金制度を見てみると、支給額は10年以上選手登録した者に年間１１３万円、15年以上の登録者に１４２万円（いずれも55歳以降）。一方、大リーガーの現行制度では、10年在籍すれば60歳から年間２０００万円が生涯支給される。在籍９年でもその９割、８年でも８割と、５年以上在籍すれば必ず受給資格が生まれる。手厚さの違いは歴然としている。

しかしこんな国内球界の現状について、同情の声、改善を求める動きは高まらない。ファンも含め、国民の多くが無関心なのはなぜだろう。「若くして高給を手にする華やかな世界に飛び込んだのだから、引退後も自己責任で」と冷ややかに見ているのだろうか。

議論の素材提供はメディアの役割

２０１５年２月、大リーグから一人の日本人投手が日本球界に帰ってきた。黒田博樹（40）。昨シーズンまで５年連続二桁勝利をあげ、20億円規模のオファーがあったらしい。それを断って推定年俸４億円の広島カープを選んだ。

日本の野球ファンは黒田の選択に盛大な拍手を送った。マスコミも大きく紙面を割き、特別番組を組んでその心意気をたたえた。もちろん４億円も大金である。しかし年俸の多寡だけが判断の指標ではないとする決断もまた、日本社会から大きな共感を呼ぶことをこの例は教えている。

黒田としてはみずからの年齢を考え、古巣での引退という道を合理的に選んだだけのことだろう。浪花節の千両役者を迎えるような騒ぎっぷりに、一番びっくりしているのは黒田ではないか。おそらく心の底では、面はゆい思いをしているに違いない。

７年間で１６０億円の田中に、年俸４億円の黒田。一方、遠征費用の捻出にも四苦八苦しながら、世界で活躍するマイナースポーツの選手たち。スポーツ選手にふさわしい収入とは何か、という問題を掘り下げていくと、スポーツ競技間の著しい格差はこのままでよいのか、という難題にもつき当たる。

スポーツ選手は別世界に生きるヒーローなのだから、彼らに我々の尺度を当てはめるのは見当違いではないか、との見方があってもいい。ただ、彼らを取り巻く経済原理は、我々の暮らしにもつながっていることを忘れてはならないだろう。

社会の構成員の一人として、無関心でいいわけがない。まずはオープンな議論が必要だ。議論の素材を用意し、たたき台をつくるのは、もちろんマスメディアの役割である。田中をヒーローに仕立てあげ、黒田の心意気をたたえるだけの報道では、あまりにもさびしい。

ディスカッション……………………………原　寿雄／阪井　宏

野球選手の高収入は議論にならないのか

阪井　野球選手の高収入に、新聞もテレビも批判的な目が向きません。ただ、だからといってプロ野球選手がサラリーマン並みの年収では、夢のない話になりそうです。明日をも保障されないからこそ、緊張感をもって頑張り、勝ち残ろうとする。そのレースを盛り上げるためのある種の「ニンジン」の役割を果たすのが高額年俸、と考えると、極端に低く抑えるのも考えものかもしれません。どこに理想を求めるべきか、倫理的に妥当な線をどのあたりに引くべきか、判断は私自身もつきません。ただ、問題をオープンな場で議論することの大切さは感じます。

原　正当な賃金、正当な月収とは何だろうという問題は、ジャーナリズムも考えたほうがいいと僕も思う。自由な市場主義原理が働いているのだから、収入に際限がなくてもいいじゃないかととらえる見方と、何らかの良識ある限界が我々の社会には必要ではないかという見方がある。どこかに限界があるとしたら、その根拠は何か。金額で示すことが可能なのか。一度、どこかの新聞社が世論調査をしてみたらいいのではないか。「何でもお金で買える世の中でいいのか」というサンデルの提起に対し、日本の社会はどのように思うのか。おそらくマスコミが問うたことはないだろう。

阪井　市場原理に任せて天井知らずの金額が当たり前のようにマスコミが報じるのは、やはり抵抗があります。かといって、選手の年俸を外部から規制するのもおかしい。やはりプロ野球界なり、プロサッカー界なりがなんらかの目安を設けるほうがいい。そんな問題提起もマスコミの役割の一つですよね。

原　「天井知らずで結構だ」という考えが社会の多数派になるとは考えづらい。プロ野球界やプロサッカー界が、一定の金額で打ち止めにすると問題提起をするのは一つの選択だ。しかし世界的なスタンダードを話し合いによって決めることができるかとなると、これはむずかしい。日本は日本の中で議論したらどうだろう。日本人の権利感覚に合った最高額、本人のやる気を損なわないような金額について、一定のメドをつけることができるかもしれない。

阪井　アメリカや欧州と一緒に議論するとたしかにややこしくなりますね。

原　アメリカにはアメリカンドリームがあるからね。彼らの夢は、ひとつは地位、ひとつはお金だ。それを夢見て頑張るアメリカ社会と、倹約を美徳とする日本社会は同列には論じられない。日本は倫理的で、質素で、理想が実生活からさほど離れない。話が少し横道にそれるけれど、僕が共同通信の総務局長をしていたとき、会社が１人の社員に生涯どれだけのお金を払うかを調べたことがある。いくらだと思う。

阪井　３億円くらいですか。

原　４億円くらい。社会保障の事業者支払い分も含めると、それくらいになる。平均年収１００0万円で65歳まで働くとすると、会社の支払い額が出る。それに社会保障分担金や、本人を雇うためのスペース、備品を用意するためにかかる事業者コストなど、全部含めると大雑把に見て４億円なの。つまり社員の採用試験は、１人４億円の買い物をするのと同じなんだ。４億円の買い物にたった15分の面接でいいのか、と面接試験のあり方を問題提起したんだ。そういう議論が日本社会にあってもいい。マー君の問題がそんな議論の一石になれば面白いね。

阪井　じつは今回、このテーマを掘り下げるために、国内プロ野球の年俸ランキングを調べようとしたのですが、公式資料がどこにも見当たりませんでした。ひょっとするとスポーツ選手の年俸問題は、日本のメディアではあまり踏み込むことを良しとしない、一種のタブーになっているのでしょうか。スポーツはある種、神聖なもの、美しいものであって、お金の問題を持ち出すのは好ましくない、といった社会通念でもあるのでしょうか。

原　プライバシーについてのアンケートをとるとね、個人の年収はプライバシーの最たるもの、と思っている日本人が非常に多いと出るらしい。しかも公人にまでその感覚がある。公人の収入は税金だから、地方自治体にしても中央政府にしても、もっとオープンにしなければいけない。日本人は所得についてプライバシーを守ろうとする感覚が異常に強いのではないか。

阪井　お金のことにあまり触れないのは、お金についてああだこうだ言うのは、見苦しいというか、はしたない行為という感覚が日本の社会に残っているせいかもしれません。

原　きちんと働き、その対価として賃金をもらうというのは労働者の当然の権利だから、もっとオープンに議論したほうがいい。それがあって初めて、マー君の160億円が議論できるよ。労働能力に希少性が加われば、そのくらいの対価をもらうのが妥当と考えるかどうか。しかし一方で、世の中には食べるものがなくて一家心中したり、餓死したりする人もいる。一日1ドルで暮らす人が何十億人もいる。労働者としての正当な権利意識と、社会的良識の両方が議論の土台に必要だね。

阪井　そうですね。同じ人間なのに、たまたま生まれた国や家庭環境に恵まれ、優れた資質を持っていることで、異常な対価を手にできる社会でいいのか。1600年分もの生活費を球投げの上手な一人の技能者に手渡すことに何の疑問も抱かない社会は、やはりおかしいです。日本の社会にも、ただ単に高額契約を手放しで賞賛していいのか、という違和感はあるはずです。その一般市民の素朴な感覚をすくい取って、マスコミは問題を提起すべきです。

百パーセント競争原理でよいのか

原　この事例で提起すべきなのは、我々は新自由主義の社会を選ぶのかどうかという問いだよ。アメリカにならって日本もまた、新自由主義の時代に入っている。新自由主義というのは、競争の原理を百パーセント認めるということでしょう。百パーセントの競争原理というのは、つまりジャングルの法則だ。世の中は弱肉強食のジャングルでいいのだ、と。そんな社会が我々の理想か。そこに我々がめざす正義があるのか。それを市民と一緒に考えるべきだ。

阪井　市場主義が広がり、何でもお金で買える世の中になると、社会全体のモラルが低下し、人々の心も堕落してしまうとサンデルは警鐘を鳴らします。このことは新聞やテレビを取り巻く環境にも当てはまるかもしれません。新聞も利益を出すことに力を入れますが、それは経営を安定させることによって言論機関としての独立性を保持するためのはずです。しかし近年の新聞の現状をみると、広告費は落ち込み、購読数も減り続け、経営の健全化は容易ではありません。市場主義の世界でじり貧のマスコミが、はたして公正な報道を貫くことができるでしょうか。その影響は出始めていませんか。

原　市場主義がマスコミの論調に影響しているのではないか、ということなら、それはないと思う。市場主義への報道が抑制的になっているということもないよ。自分たちの将来が危ういからといって、「何でもお金」の報道が広がるようなことはないんじゃないか。

阪井　雑誌の世界では、中国や韓国を批判すると売れます。広告の見出しは、過激な表現を大きく載せると売れ行きが違う。2014年に始まった従軍慰安婦報道にまつわる朝日叩きにもそれを強く感じました。このところの雑誌の購読部数はものすごい勢いで落ちています。当然、強い危機感があるはずです。「国賊」「売国奴」と、戦時中に飛び交ったような見出しで朝日を激しくののしったのは、週刊誌の生き残りレース、部数獲得競争も背後にあるはずです。これを市場主義の表れとみるのは無理がありますか。

原　それは売るためであって、あくまでも読者を獲得するための商業政策だ。経営との因果関係があるとは思えない。

阪井　ただ、売れれば経営は安定します。売れない雑誌を出すよりも、時代の空気に乗って部数を確保したほうが、社内評価も高まるでしょう。

原　それはそうだ。売れれば経営が安定する。しかし経営が安定することで、ジャーナリズムがもっといい報道をできるようにもなりうるだろう。少なくともタテマエはそうだ。君の執拗な質問は、僕には少し異常に思える。経営と部数獲得はまったく別物だよ。

阪井　この点は改めて根拠を明らかにして問題提起したいと思います。

現場から

スポーツを長年取材して

［共同通信］名取　裕樹

名取　裕樹（なとり・ひろき）——1960年、東京生まれ。慶應義塾大学文学部卒。83年に共同通信社入社。90年から運動部で主にサッカーを担当。96年から2000年までパリ支局駐在。欧州のサッカー、テニスなどを取材。運動部長をへてオリンピック・パラリンピック室長兼編集局次長。著書に『これであなたもサッカー通』（共同通信社）がある。

世界的にみると、じつは野球はマイナースポーツである。強豪国はアメリカ、キューバ、メキシコ、日本、台湾、韓国くらい。世界大会といっても内輪のイベント感がぬぐえない。2012年のロンドン五輪からはオリンピック競技からも外れてしまった。世界最大のスポーツイベントといえば、やはりサッカーW杯。共同通信で長年国内外のサッカー事情を追いかけてきた専門記者の目に、スポーツ選手の年俸、移籍金問題はどう映るのか、聞いた。

年俸や移籍金の話題は

――長年にわたるサッカー取材の中で、選手の年俸や移籍金の話を扱った経験はありますか。

名取　少しはあります。ただ共同はスポーツ紙ほどつっ込んだ取材はあまりしません。サッカーの例でいうと、Jリーグ2年目くらいのころ、カズ（三浦知良）の年俸が推定で日本選手最高の2億4000万円になり、騒がれたことがあります。それとシュンスケ（中村俊輔）が横浜マリノスからイタリア・レッジーナへ移ったときは、あくまで取材ベースですが移籍金350万ドル（4億2000万円）、年俸50万ドル（約6000万円）で、これも話題になりました。中田ヒデ（中田英寿）がセリエAに移った時は現地で行われた入団会見を取材しました。中田のマネジメント事務所はヒントもくれず、日本のテレビ局記者が事務所の社長に「年俸や移籍金の多寡は選手自身の価値なのだから、公開すべきでしょう」と迫り、押し問答になったりしました。

――たしかに移籍金は選手の価値を示す一番の指標ですね。

名取　欧州のクラブも、移籍金はまず公開しません。でもメディアが「推定」で報じることができるように、何らかの形でリークされているわけです。サポーターも、クラブがいくらで選手を獲得したのかを知りたい。安く獲得した選手が大活躍すれば、フロントは目利きだとほめられる。ものすごい移籍金を出してまったくだめだったら「何をやっているんだ」と責められる。フロントの手腕も、選手のパフォーマンスも、年俸と移籍金で評価が分かる。そのような意味で大切な指標であることはまちがいありません。

——日本のサッカーJリーグ選手は昔も今も、プロ野球選手ほどの年俸をもらっていません。プロ野球だと高校を卒業したばかりの選手がいきなり1億円プレーヤーになったりする。でもJリーグで年収1億円を超える選手は遠藤保仁や田中マルクス闘莉王ら、ほんの少数です。同じ人気スポーツなのに、なぜこれほどの金額差が生まれるのでしょう。

名取　球団や球界の経済力の差が大きいからでしょう。野球とサッカーでは、興行で生み出すお金の額が違います。ただ、チームを支える組織の性格の違いもあります。プロ野球は親会社の広告塔の役割を果たしていますが、Jリーグは地域密着型でクラブの自立をうたっています。親会社に頼らず、自分たちの稼げる範囲で、身の丈に合った経営をするのがJリーグの基本姿勢です。

プロ野球ではたしかに、入団時にいきなり1億円の契約金をもらう選手がいます。それ自体は否定しません。しかし、大盤振る舞いが球団経営を圧迫したり、大金を手にした若手選手が舞い上がってつぶれてしまったりしては、元も子もない。プロスポーツ選手の高額な年俸、移籍金は、球団の経営と、選手教育の在り方、という二つの問題をはらんでいますね。

——欧州のサッカー関係者の目に、Jリーグ選手はどのように映るのでしょうか。

名取　Jリーグでも1993、94年ごろ、新人を含む若手選手がのきなみ高級外車を買ったりしたことがありました。イングランドからJリーグを視察に来たボビー・チャールトンというかつての名選手が、あるクラブの駐車場を見て「何だ、これは」と目を丸くしたという逸話があります。ベンツがずらっと並んでいたのです。バブルの全盛期で、選手も完全に舞い上がっていた。今はだいぶ変わったみたいですが。

多くの欧州の選手には、うかれてはいけない、もっと身の程をわきまえるべきだ、という感覚があると思います。元日本代表のオフト監督は、練習以外の時間に何をするかが大切なんだ、と選手たちによく語っていました。堅実な人生設計をしろ、今はよくてもけがをしたら終わりだぞ、と教えていました。

——たしかにだめになる選手は少なくないかもしれません。

名取　おそらくいくらでもいるでしょう。ブラジル代表の中にも、酒におぼれてだめになった選手がいます。そのような例を見ているので、欧州ではある種の戒めが働いている。選手の多くが、現役引退後のセカンドキャリアを若いころから意識します。周囲からも言われているのでしょう。

ベネチアに名波浩選手が移籍した時、パリから通って取材しました。ベネチアは当時、セリエAに昇格したばかりの小さなクラブでした。選手も身の程をわきまえていて、30過ぎのキャプテンは将来のフットサル場経営のためにお金を貯めていた。他の選手も大半がつつましく暮らしていました。どの選手も年収は1億円に届いていなかったはずです。

プロ選手の将来設計

――イタリアのプロサッカー選手でも、大半は将来設計を堅実に考えるのですね。欧州全体でも似たような傾向ですか。

名取　おそらくそうだと思います。けがをしたら終わりですからね。マー君だって、日本選手最高額の７年間で１６０億円、１年間23億円などと騒がれましたが、下手をすれば２、３年で終わってしまう可能性もあります。詳しい契約内容は分かりませんが、けがで戦力外になれば当初の契約は履行されないはずです。

――選手たちにはどのような将来設計の道があるのでしょうか。

名取　日本サッカー協会にはコーチングライセンス制度があります。より上級のコーチ資格をとっておけば、将来サッカーチームの指導者になるのに有利です。現役時代から頑張って学ぶ選手もいます。Ｊリーグには２０１２年までキャリアサポートセンターがありました。就職先をあっせんするなど、選手たちの引退後の人生を支援する組織ですが、廃止後もキャリア教育などは続けています。

――野球にはコーチ資格制度も、セカンドキャリア制度もありません。将来の人生設計を考えさせたりすると、選手たちのハングリー精神が鈍ると考えているのでしょうか。

名取　野球選手のハングリー精神維持のためにサポート制度を設けない、ということはないでしょう。でも、たしかにセカンドキャリア支援の点ではきびしいですね。一方のＪリーグを見ても、クラブ経営はどこもきびしいので、サッカー選手たちは派手なことができません。プレーできる間は東南アジアでもどこでも、と考えるのも、そんな事情を反映しているのかもしれません。

実力の証として

――アメリカには、バスケットボールやアメリカンフットボールなど、野球を凌駕する人気スポーツがあります。スター選手は年俸も桁違いだし、コマーシャル出演料も破格。そんな状況を考えれば、マー君の160億円も驚くほどではないということでしょうか。

名取 いいえ、驚きは驚きです。何に一番びっくりしたかというと、マー君の契約額がダルビッシュ投手ばかりか、かつてのイチロー外野手まで抜いてしまった点です。それだけ市場原理を強く刺激する逸材だ、ということなのでしょうけれど。

――米ハーバード大のサンデル教授が2010年に来日し、講演した際、イチローの年俸とオバマ大統領の年俸をくらべ、「オバマの仕事はイチローの42分の1の価値しかないのだろうか」と学生に問いかけました。つまり市場経済の仕組みの中で決まる年俸は、はたして倫理的にみて正しいか、という問題提起です。そのような視点でマー君の160億円を検証するような報道は、僕の知るかぎり、ほとんど目にしませんでした。新聞もテレビも、ヤンキースから大金が積まれたことを手放しで喜び、「マー君がんばれ」一色です。高騰するチケット代を安くしろとか、選手の第二の人生を応援するほうにもっと金を使え、といった議論にならない。そんな問題提起はファンの夢を壊してしまうのでしょうか。

名取　たしかに、この高額契約を批判的に報道したことはありませんね。サンデルさんの問題提起は何かで読みましたが、スポーツ報道の中で目にした経験はありません。ただ、プロとして彼の実力と才能が評価された何よりの証とも言えるわけで、私は否定的にはとらえていません。

――マー君がアメリカに渡る際、ジェット機を家族4人で貸し切りました。東京からニューヨークまで200人乗りジェット機のチャーター料は3000～5000万円ほどでしょうか。彼の年俸からすると痛くもかゆくもない金額でしょうが、我々の感覚では抵抗があります。成金趣味のようで、個人的にもちょっと嫌ですね。

名取　庶民感覚からすると、そうなのかもしれませんね。でも、サンデルさんの問題提起は、プロスポーツ選手の倫理を問うているのでしょうか。さらには選手のお金の使い方や、それを報じる側の姿勢まで問うているのでしょうか。成金趣味のようだという見方があることは理解しますが、なぜプロスポーツ選手がジェット機を貸し切ったことで抵抗を感じるのでしょうか。誰なら感じないのでしょうか。渡航手段はマー君の一つのステータスでもあるし、実際にはコンディショニングや、空港で過熱取材による混乱が起きないように配慮したようです。一緒に渡米する家族も大切にしたのだと思います。

第9章
日常の性差別をどう正すか

新聞大会の会場で基調講演に聞き入る各社代表ら。出席者のほとんどを男性が占める＝1999年10月、栃木県宇都宮市（写真提供＝読売新聞）

講　義

日本のマスコミで働く女性は少ない。特に報道の現場で活躍する女性記者はごく少数だ。だいぶ改善されてはいるが、それでも未だに圧倒的少数である。なぜなのだろう。今回はマスコミの世界における性差別の現状と問題点について考えてみたい。

新聞やテレビ局は言論・報道機関である。社会の矛盾を敏感に受け止め、世に問うのが仕事である。当然、他産業に先駆けて女性に開かれた職場づくりをしているに違いない、と思い込んでいる人が少なくないのではないか。しかし実際はまったく逆である。

女性の割合は２割以下

新聞社やテレビ局の従業員の中で、女性が占める割合はどれくらいか。『メディアとジェンダー』（国広陽子・東京女子大学女性学研究所編、勁草書房、２０１２年）が全国の新聞社とテレビ局の男女比率を載せている。それによると、主要な新聞社の記者の中で女性の占める割合（２０１０年）は15・６％。つまり20人の職場なら女性記者はせいぜい３人だ。

テレビ局はどうか。同じ資料によると、全従業員の中で女性の占める割合（２０１０年）は民間放送で21・２％、ＮＨＫはわずか13・６％。ＮＨＫは新聞社の記者集団以上に、女性の少ない職場であることが分かる。

　個別企業の数字もある。毎日新聞によると、同社で働く女性の比率は16％。これが課長以上の管理職になるとわずか7％。女性の役員は一人もいない（「取材を振り返って――女性が働きやすい社会に」、2013年2月7日付『毎日新聞』［北海道版］）。

　日本のマスコミは未だに、女性の割合が2割以下の会社がひしめく産業である。国内の他業種とくらべても、女性の少なさでは筆頭格。世界のマスコミの中でも、日本の新聞社、テレビ局の男社会ぶりは抜きんでているらしい（『女性とメディアの新世紀へ』東京女性財団、1999年）。

採用枠から女性締め出し

　しかし、私が新聞社に入社した1980年ごろにくらべると、じつは女性は格段に増加している。同期入社の記者8人は全員が男性。1年上の先輩の中にも女性記者はいない。数年に一度、思い出したように女性が一人、また一人と記者になるという状況だった。求人票にはたしか、「男性のみ」とは明記していなかったと思う。しかし明らかに女性を採用枠から締め出していた。採用人数の多い全国紙以外は、ほぼ同じような実態だったはずである。

　日本新聞協会に加盟する101社の中で、男女雇用機会均等法が1986年に施行される前の女性記者は計386人。編集部門の全従業員の1・58％だったという（『女性とメディア』加藤春恵子・津金澤聰廣編、世界思想社、1992年）。同法施行から5年後の91年、ようやく全国で1000人を超えた。それでも編集部門全体でみると4・04%という少なさである。つまり100人中4人。いかに異様な職場であったかが分かるだろう。

当時の新聞社では、女性を積極的に採用しない理由について、「仕事が不規則で激務であるため、女性には不向き」などと弁解していた。たしかに激務をこなさなければならない時はある。実際、新聞記者の平均寿命は短い。私のいた職場でも、先輩記者OBは70歳前後につぎつぎと亡くなっていった。自分も長生きは無理だろうと、半ば諦めていた。

しかしこれは激務のせいというよりも、自己管理の問題ではないか。「朝まで酒を飲み、そのまま出勤してきた」などと自慢げに話す男たちが、長寿を全うできるわけがない。実際、今では当たり前のように、女性記者が男性記者に交じって深夜勤務をこなしている。

紙面に表れる女性差別

このアンバランスはおのずと、報道内容に表れる。朝日は2002年2月10日付の「報道と人権委員会」報告で、性差表現の問題点を取り上げている。そこでは男女の役割分担について、新聞が固定的に考えている点が指摘されている。

事例として報告されたのは、①イラストにおける類型化（専業主婦は太目の体型、共働き妻は細めできりっとした姿など）、②「女性ならではのきめ細かさ」など、固定観念にとらわれた表現、③男性を姓で、女性を名前で書くといった表記慣例、④若い女性に特別な価値を置くような男性視点の写真——などだ。

耳が痛いどころではない。新聞社の現場にいたころ、じつは私もこの4項目のすべてをごく当たり前のように受け入れ、後輩にも指示してきた。

駆け出し記者時代は、各企業で働く若くて美しい女性を「職場の華」として写真付きで紙面に紹介するコーナーを、半ば楽しみながら取材していた。デスクになってからも、成人式の取材に出かけるカメラマンに、振袖姿の笑顔がかわいい女性を撮ってくるように要求した。「男じゃ絵にならない」という発想である。

近年はだいぶ改善されつつある。各紙にあった「職場の華」的なコーナーは、いつの間にか紙面から消えた。成人式＝振り袖姿という発想も変わりつつある。とはいえ、気をつけて見ていると、今でも男中心の価値観が新聞紙面やテレビ番組にみつかる。日本のマスコミは未だに、男目線丸だしの報道が健在である。

女性が増えると報道が変わる

報道に携わる女性の割合が増えることで、報じる中身にどのような影響が現れるか。米国の学者が興味深い研究報告をしている。

調査の対象は米国バージニア州にある発行部数20万部程度の二つの新聞社。両社は、規模はほぼ同じだが、女性従業員の割合が大きく異なる。A社は女性記者40％、女性管理職50％。B社は女性記者25％、女性管理職はいない。

研究では、この2社を対象に、記事の情報源やその切り口などについて調べている。その結果、A社は一般市民を情報源として使う傾向が強く、B社はより公的情報源に依存する傾向が出たという（前出『メディアとジェンダー』）。

情報源を一般市民の側に求めるか、それとも公的機関の側に求めるかは、報道内容に大きく影響する。それはまちがいなく報道スタンスの違い、記事の視点や切り口の違いとなって現れるはずである。考えてみれば当たり前な話だ。しかし、男中心の日本のマスコミはこの点をずっと軽視してきたように思う。

女性の割合を増やすことで、政治家や官僚の側の視点に立ちがちな日本のマスコミ報道が、市民の側の視点に転じるきっかけになるのだとしたら、今すぐにでも大改革を始めるべきではないか。一説によると、職場における少数派が所属集団に影響を及ぼすのに必要な最小限の割合は30％以上だそうである。日本のマスコミがめざす女性占有率も、当面はこのあたりだろう。

女性は土俵に上がれない

今日、個別の取材をする上で、男女の差別はほとんどない。女性も警察担当としてサツ回りをするし、政治家や官僚にも密着する。しかし、例外的に取材できない対象もある。宗教的な儀礼や、古いしきたりがからむケースである。

スポーツでいえば、相撲の土俵に女性は上がれない、という厳格な慣習がある。「土俵に女性を上げると穢《けが》れる」とされ、取材記者やカメラマンはもちろん、開催場所の女性知事でさえストップがかかる。優勝力士をたたえたくても、女性知事は土俵に上がれないのである。遠い昔の話ではない。21世紀の今も状況は同じだ。

２０００年から2期8年、大阪府知事を務めた太田房江は毎年、大相撲大阪場所で優勝力士に大阪府知事賞を贈呈する際、みずから土俵に上がることを希望し続けた。しかし、日本相撲協会は女人禁制の伝統を理由にこれを拒否した。背景には宗教的な理由がある。相撲には神事の色彩が濃い。土俵や神輿《みこし》に女性を上げないのは、生理中の女性が神聖な物に触れると穢れるといった言い伝えに由来している。

日本の新聞、テレビは当時、大相撲の女人禁制問題をさかんに取り上げた。ただ、太田が府知事の職を降りると、いつの間にか話題にのぼらなくなった。次に大騒ぎになるのは、日本に女性首相が誕生した時だろう。これまでの主張を貫くのであれば、日本相撲協会は優勝力士が総理大臣杯を首相の手から受け取ることを拒否しなければならない。

女性記者自身もいわれのない差別扱いを受けてきた。たとえばトンネル工事の貫通式取材や、船舶に乗っての取材でも、「縁起が悪い」として敬遠された。最近は取材先の抵抗感も薄まっているらしいが、それでもわだかまりは残っていると聞く。いずれも女性の身体的特徴から不吉な連想を抱かせるという理由だったと記憶している。まったく合理性を欠いた主張であるにもかかわらず、今なお生き続けているのである。

では、女性記者を雇用する上での性差別問題はどうか。新聞、テレビとも、これを積極的に問題提起する動きはこれまでほとんどなかった。自分たちの仕事に関わる問題なのに、騒がなかったのはなぜか。おそらく男優位のマスコミとしては、あえて積極的に取り上げるまでもない、と見送ってきたのではないか。

女性アナのヘジャブ着用の是非

性差別の問題にからみ、興味深い報道があった。2012年9月、エジプト国営テレビの女性アナウンサーが、頭髪をすっぽり覆うスカーフ「ヘジャブ」をかぶって登場したという。半世紀前のテレビ報道開始以来初めてである。

エジプトでは親米的なムバラク政権時代まで、国営企業の一部職場でヘジャブ着用が禁じられていた。宗教色を排し、西欧化を進めようとしたのだろう。おそらく古い因習から女性を解放するという意味合いもあったはずである。ところがそのヘジャブが復活した。これを抑圧の再来とみるか、欧化思想からの解放とみるか。

新聞は「昨年の民主化要求運動以降、抑圧されてきた女性たちのイスラム意識が『解放』されつつある」（2012年9月24日付『毎日新聞』）と報じた。解放についているかぎカッコ（『　』）はなかなか意味深長である。しかしヘジャブ復活の背景をきちんと説明しないと、読者には分かりづらい。

イスラム色の強い考え方からすると、これは解放である。「欧米文化をまねてきた前政権の重しがとれ、人々の宗教意識がよりオープンになった」と分析できる。たしかにエジプト女性の約7割が日常的に着用しているヘジャブを、職場で着用することを禁じるのは、一種の抑圧と言えるかもしれない。

しかしその一方で、エジプトでは最近、全身を覆い隠す衣装「ニカブ」を着た女性だけで運営する衛星テレビも開局したという。ニカブ姿の女性スタッフらの写真を見ると、かなり異様である。全身黒ずくめ。手にも黒手袋。外に露出しているのは目だけ。キャスターもカメラ担当者もこのかっこうらしい。我々の目には、彼女たちの姿はどうみても「解放」とは映らない。社会全体のイスラム回帰傾向としか見えない。

エジプト民衆が求めるべきものは、選択の自由だろう。ヘジャブを着用してもいいし、着用しなくてもよい、という社会である。しかし宗教がからむ因習について、社会全体が選択の自由を認める方向へ向かうのは容易ではない。

女性兵士に戦闘の権利を

ヘジャブやニカブの着用はイスラム社会の極端な事例ではないか、という人がいるかもしれない。では欧米社会で起きている次のような例を、我々はどう考えたらよいのだろうか。

2013年1月、パネッタ米国防長官がある発表をした。「女性兵士の戦闘部隊への配属を禁止する原則を撤廃する」。つまり、これまで後方支援についていた女性兵士が、敵と殺し合う最前線で戦闘に参加する権利を認める、というのである。背景には「女に戦わせないのは差別だ」との訴訟が、女性兵士の側から起こされているという事情があるらしい（『週刊文春』2013年2月21日号）。

同誌の報道によると、米国ではすでに大勢の女性が戦闘に参加している。「イラクとアフガニスタンでは2万人以上の女性が兵士として参加。ヘリを操縦し、トラックを運転し、2012年だけで800人以上が負傷、130人以上が戦死した」という。しかも女性の戦闘参加を推奨しているのはリベラル、左翼系の陣営だ。同陣営は女性が前線で戦うことを「権利として求めている」という。

じつは、戦闘そのものが様変わりしているという背景もある。アフガニスタンでは米軍の無人機が敵兵を探し、攻撃している。操縦が行われているのは何千キロも離れた米国内の基地である。屈強な兵士である必要はない。冷房の効いたオフィスでコンピューターを自在に操ることができれば、「有能な兵士」とされるのだ。最前線の概念が激変している。

みずからの組織の差別と向き合う

男女同権の精神は尊い。まだまだ男社会の日本のマスコミは、さらなる変革が必要である。しかし同時に、男女同権とはいったい何を意味するのか、どのような社会をめざすべきなのかを、我々は問い続けなければならない。

イスラム社会でヘジャブ着用を禁じるのは、自由への一歩か、欧米化への洗脳か。戦場で敵兵と殺し合うことが、女性が真に求めるべき男女平等の権利といえるのか。性差別問題と社会の倫理観が真正面からぶつかり合うこのような今日的課題を、日本のマスコミはどう報じていくべきだろうか。

一筋縄ではいかない。我々の価値観では測り難い面もある。性差別問題について、はるか彼方の先頭集団を追いかける周回遅れの日本のマスコミにとっては、やや荷が重いかもしれない。しかし周回遅れだからこそ見える風景もあるのではないか。諸外国で激しくぶつかり合う意見に、新たな視点を提供することもできるのではないか。もちろんそのためにはまず、自分たちの足元にある性差別と真剣に向き合うことから始めなければならない。

ディスカッション……………………原　寿雄／阪井　宏

新聞社は男社会

阪井　最近でこそ、女性記者の存在は当たり前になりました。でも私が北海道新聞に入社した1

980年は同期入社の記者8人の中に、女性は一人もいませんでした。近年は4人に1人、多い年は3人に1人は女性を採用するそうです。そんな話を聞くと、隔世の感があります。原さんが共同通信に入社した当時、女性記者は何人くらいいましたか。

原　社会部にいた50人ほどの記者のうち、女性は2人だった。

阪井　道新では女性記者は主に、当時の学芸部という部署に配属されていたように記憶しています。今でいう文化部や生活部です。共同ではどうですか。

原　僕のころの社会部の女性記者は厚生省を担当していた。戦後の混乱期だったので、外地からの引揚げの取材、つまり厚生省（現厚労省）の引揚援護庁（局）だね。僕が入った1950年4月入社組の記者10人は全員が男。そのあと女性を3人くらい一気にとった年もあった。この女性陣はみな優秀だった。主に文化部で活躍したように思う。

阪井　職務上の差別を感じたことはありましたか。

原　職場での差別というのはあまり感じなかったなあ。

阪井　僕が入社したころの女性記者は職場での女性の地位向上に懸命でした。組合活動をとおし、男社会の差別感覚に物申していくという姿勢でした。女性の先輩記者たちは、平等な職場環境は与えられるものではなく、勝ち取るものだという信念に燃えていたように記憶しています。今の女性記者にはおそらく想像もつかないでしょう。

戦場で戦う権利

阪井　話は変わりますが、アメリカの軍隊では近年、女性が男女同権を主張し、最前線で戦う権利を認めさせました。つまり戦場で戦うことにも平等を要求するという姿勢です。これについて原さんはどう評価しますか。

原　女性が戦場で戦う権利を主張するようになったのはおそらく2011、12年ごろからではないか。日本の新聞では詳しく紹介されていないが、あれは女性の側から、軍隊内における昇給、昇格の男女差別への不満が強く出たのが始まりらしい。つまり女性には非戦闘要員的な、軽い仕事が与えられる。その代わりに給料袋も軽くなる。そういうことへの不満、反発が男女平等の要求につながった。だからきっかけは給与条件なんだ。それが今や、女性兵士が戦闘機に乗って最前線で戦うことも認めろ、というところまできている。

阪井　米軍の女性兵士はすでに戦闘機に乗っているらしいですね。

原　乗っている。戦場に男も女もない。そんな状況にきている。そして背景にはどうやら無人機の配備が影響しているらしい。たとえば米軍は、デンバーにあるオフィスで無人機を操縦し、地球の裏側にいるアフガニスタンの過激派集団をやっつける時代になった。米国内の空調付きの部屋から攻撃するわけだ。これなら女だって、男だって、キー一つで画面を見ながら殺せる。

阪井　オフィスが最前線ならば、戦闘に性差は関係ないですね。

女性と反戦

原　テクノロジーの進展によって、戦闘がＩＴ化してきた。それにつれ、オペレーターにとって性による違いなどは意味をなさなくなった。ということは、そこから先は非常に興味深い議論になるんだけれど、古代ギリシアのアリストパネス以来、昔は女性が反戦の先頭を切っていた。その役割を与えられていた。しかし今や女性は戦争に反対しなくてもまったくおかしくない。女性の反戦機能はゼロになってしまったのかもしれない。

阪井　なぜ女性は反戦の役割を担わされたのでしょう。

原　女性は戦争をしなかったからだろう。武器をもって戦場に行く機会は圧倒的に少なかった。しかも女性にとって戦争は、幸せをもたらすものではない。男は戦場に行って死ぬ。家族は不幸のどん底に落ち、暮らしがめちゃくちゃになる。そういうしわ寄せをぜんぶ女性が引き受けた。戦争反対のセックス・ストライキがギリシア喜劇の中にも出てくる。女性と戦争はずっとそのような関係にあった。

阪井　女性が反戦のシンボルになり、反戦運動の先頭に立つ時代は遠い過去の話になるのでしょうか。

原　ＩＴ戦争に性差はないからね。ところがその一方で、社会が無人機攻撃に倫理的な罪悪感を抱き始めている。無人機による殺人はけしからんという意見がアメリカでどんどん強まっている。かつては家族の不幸を一方的に背負わされた女性が立ち上がった。女性の抱える悲劇が反戦の原動力だった。ＩＴ時代の反戦は誰が、何を根拠に担うのだろう。

阪井　地球の裏側から一方的に敵を殺すことのできるアンフェアなシステムに対する嫌悪でしょうか。しかし、米兵に危害が及ばない無人機攻撃に、オバマ大統領は積極的です。現場の米兵にも歓迎されているようです。先日、テレビの報道番組を見ていたら、米軍の若い女性兵士がオフィスのパソコンに映し出される攻撃対象の画像を目で追いながら、「ゲームのようで面白い」と笑顔で答えていました。ゾッとしました。

原　男並みに人を殺せて、平等感が味わえるということかなあ。

阪井　そうかもしれないですね。

原　しかし自分に危害が及ぶ心配が百パーセントない状態で人を殺せるという、従来の戦争にはまったくなかったシステムに対する倫理的な罪悪感というのは必ず強まるね。それが僕の予想した以上のテンポで広まっている。人間の倫理観というのは面白いよ。

レイプ報道

阪井　話は変わりますが、女性に対する強姦、いわゆるレイプの問題も性差別の問題として考えてみたいのですが、どうでしょうか。マスコミはレイプ報道にどのような指針をもっているのでしょう。

原　たしかにレイプも性差別の一つの表れ方といえるね。レイプ報道についていうと、アメリカのジャーナリストでみずからレイプされた体験をレポートにした人がいた。たしか新聞社の部長クラスの人だった。その人が若いころの悪夢の体験を書いた。元読売の前沢猛さんが日米の事件報道を比較した本の中で紹介していた（『日本ジャーナリズムの検証』三省堂、１９９３年）。

阪井　勇気のある人ですね。原さんはその告白レポートを読んで、どうお感じになりましたか。

原　すごいと思った。男女平等というのはこれを実践できるということだと思った。この人はレイプが特別な犯罪であるという見方に対し、異議を申し立てている。これは非常にむずかしい問題だけれどね。社会はレイプを特別な犯罪としてとらえがちだ。ほかの一般的な傷害事件とは違うと。しかしこのジャーナリストは同じだという。ほかの傷害事件と同じように扱うべきだというんだ。この問題提起を君はどう思う。

阪井　「レイプもふつうの傷害事件と同様に扱え」という意見は、性差別の根幹にかかわりそうな問題提起ですね。つまり顔をひっぱたかれたり、足で腹をけられたりするのと、レイプされるのとでどこが違うのか。違うと主張することがすなわち、女性を弱きもの、守るべきものという男中心の差別意識を認めたことになる。それでは男女の不平等は解決しない。女性ジャーナリストはこう問いかけているのでしょう。だとするとたしかにすごい人です。

原　「レイプは特別な犯罪だ」とする考え方も、もちろん一理ある。自分の操を守るという人間としての尊厳が、レイプによって踏みにじられる。その点に特別な意味を見つけたほうが、レイプの問題をより重大に受け止めることができるのではないかという見方だ。このあたりになると、僕はあまり自信がない。ただ、レイプは特別な犯罪ではないという観点からも考えなくてはいけない、という指摘には教えられた。どちらが男女平等の精神に近いだろうか。

阪井　日本の新聞ですと、以前は「暴行を加えた」というふうに書くケースが多かったように思います。僕もデスク時代にそう直した記憶があります。ただ近年では、犯罪の悪質さを伝えるために「強姦」という言葉を積極的に使う動きもあります。

原　婦女暴行罪という犯罪は日本にはないよな。暴行は暴行で、男も女も同じだ。婦女暴行というのはじつは新聞がつくり、広めた言葉らしい。レイプ、強姦という言葉を避けようとして、暴行というソフトな表現にしたようだ。でもそれはまちがいだよ。なぜならそんなふうに表現を変えても、レイプは世の中からなくならない。そう判断して、レイプのひどさをきちんと伝えるために、朝日はある時期から「暴行」をやめ、「強姦」という表現を使うようにしたらしい。朝日は見出しにも「強姦」と書いている。

阪井　ただ、被害者のプライバシーには最大限の注意を払わなければなりません。強姦された事実を社会に公表し、戦う人がいる一方で、そのような被害を知られたくない圧倒的多数の人がいるはずです。ネット社会の現状を考えると、被害者のプライバシーはあっという間に丸裸にされます。事実を知られたくない人にとって、「強姦」という報道表現は残酷すぎるかもしれない。でも、こういう論議の積み重ねはとても大切だと思います。その上で、原さんは「強姦」という表現の選択は正しいと考えている。

原　そう。暴行なんていう言葉を使って事実を隠すわけだからね。そういう言葉で現実を柔らかくしちゃいかんよ。柔らかくすることで、犯罪者の心理に罪の重さを感じさせない力が働いてしまっているのではないか、と僕は危惧している。レイプ報道の原点は、レイプをいかに無くすかに協力することにある。その一点に絞って考えるべきだよ。だからレイプがあったという事件だけを報道するのも問題だ。レイプ事件の前科者について特別にウォッチして警戒しろという議論もある。犯罪者がどこに住んでいるか、明らかにしろという訴えもある。レイプ犯罪者は優生手術をうけるべきだなどという主張も、極論としてある。レイプをどうなくすかを、もっともっといろんな角度から考えるべきだ。報道はそのことを忘れてはいけない。

現場から

男社会の価値観に挑戦

［元ラジオ関東記者］平松　昌子

平松　昌子（ひらまつ・まさこ）――1933年、香川県高松市生まれ。東京女子大学英米文学科卒、東京都立大学大学院修士課程修了。在日アメリカ大使館ラジオ課勤務を経て、ラジオ関東（現アール・エフ・ラジオ日本）入社。放送記者としてベトナム戦争、沖縄返還問題を取材。86年退社。95年から2期、「日本BPW連合会」会長。著書に『女がメディアで生きる』（ドメス出版）ほか。

かつて国内のメディア企業に、女性の30歳定年制があった。寿《ことぶき》退社もあった。暗黙の了解事項ではない。就業規則に堂々と明記されていたのである。民間のラジオ放送会社で働きながら、そんな男社会の常識と戦った。しかし一方で、「女はダメだ」と判断されたくないとの思いで、男社会の価値観に沿ったニュースを電波に乗せた。その対応を「まずかった」と振り返る。筋金入りの男女同権論者の目から、相変わらず繰り返される女性差別の風潮はどう映るのか。

メディアでも寿退社

――平松さんの著書『女がメディアで生きる』を読んで驚きました。平松さんが勤務した「ラジオ関東」（本社・横浜）に、女子30歳定年制や、結婚したら退職しなければならない制度があった、という記述です。しかも「（会社の中で）しわのある女は見たくない」「（他人の女房に）なぜ給料を払う必要があるんだ」といった意見が、社内で公然と語られていた。時代の新しい風が吹く横浜で、その風にもっとも敏感なはずのメディア企業がこのありさまだった。半世紀前の１９６０年代とはいえ、驚きのエピソードです。

平松　ラジオ関東だけが特殊だったわけではありません。そういう時代でした。メディアの中でも、地方には30歳定年制という企業が少なくなかった。「一緒に立ち上がろうよ」とよく声をかけました。でも嫌がってなかなか連帯してくれなかった。うまくいけばいいけれど、クビにされかねないからです。

――女の価値は若さにある、年をとった女は不要だ、という発想も当たり前の常識だったのですか。

平松　ほとんどの男性が不思議に思っていなかったのです。「結婚したら退職しなければならない」とする制度の背景には、女房は男が養うものだという常識がありました。働いている夫がいるのに、その女房になぜ我々が給料を払うんだ、という考え方です。この発想は今も残っています。東京都議会でのセクハラやじ発言も根底にはそんな感覚がある。他のメディアも同じで、相変わらずの古い男社会の発想を引きずっています。

――そんなメディアで働きながら、平松さんはなぜ女性の権利を確保しようと奔走したのですか。メディアで女性が働く意味はどこにあるのでしょう。男に負けないように、男と肩を並べて働きたかったのですか。

平松　よく男女平等といいますけど、私はこの言葉が好きではない。私がラジオ局で働いていた当時、職場には「男女平等だから、女も仲間に入れてやるよ。だけど男と同じように働き、同じ価値観をもってニュースを書けよ」といった空気が支配していました。でも、男と女は目線が違って当然でしょ。価値観も違って当たり前じゃない。メディアのように情報を伝える仕事をする女は特に、この点を忘れてはならないと思う。男のつくってきた社会、文化、価値観をなぞって発信することが女の仕事ではない。そういう気概を持ちたいです。

東京都議会の女性蔑視ヤジ問題で、塩村文夏議員に謝罪して頭を下げる鈴木章浩議員＝2014年6月、都庁（写真提供＝毎日新聞）

――でも実際にやるとなると大変です。

平松　そのとおり。私も長年、「ニュース」のデスクをしました。ラジオですから、定時のニュースがあります。当然、重要なニュースから放送順を決める。では何をアタマにもってくるか。男の常識がつくった既存のルールがある。国の政治が来て、経済が来て、市民生活は後回し。そんなのおかしいだろう、という感覚が私にも当然ありました。でも、私が市民生活をトップニュースに据えたら、男たちはこう言うかもしれない。「ああ、やっぱり女にデスクは任せられないな」。そんなことを言われたくありませんでした。「女だから」とは絶対に言わせない。意地をはって、男の判断基準を私もそのまま踏襲しました。抵抗できなかった。それが今も残念です。

女性の目線で見てみると

——国内メディアでも最近は、女性の記者、ディレクターが増えています。そんな中でも男の目線は揺らがないのでしょうか。それとも多少なりとも変化が生まれているのでしょうか。

平松　男と女の目線の違いが明確に意識されているかどうかというと、まだ道半ばのように感じます。男目線の束縛がまだ職場を包んでいる。紛争取材では特に感じます。たとえば中東パレスチナのガザ地区で空爆があったとします。現地から何をどう伝えるか。その報道の視点が、男の記者も女の記者も違いがないというのはおかしい。

男は「ここはイスラエルの領土だ」「いやパレスチナの土地だ」と争います。でも女は、むしろその日の生活を大切にしたい。極端にいえば、不当な扱いを受けずに暮らせるのなら、どっちでもいいという感覚がどこかにある。為政者がだれであろうと、平穏な暮らしを送りたいのです。国と国の争いは大切な議論かもしれない。でも自分たちの暮らしにとって何の意味があるのか。そんな生活者の目線を、パレスチナの女性とのインタビューで知りました。

ウクライナの紛争も同じです。私は2014年5月に国際会議に招かれて現地を訪れました。武力紛争が起きる直前です。ロシア系の人とウクライナ系の人は当時から問題を抱えていました。ロシアが占領していた時代の権益をどちらが押さえるかで、いがみ合いがありました。ウクライナに女性記者が入れば、そんな領土紛争とは別の視点からの報道ができるはずです。日常の生活を大切にしたい。家族の命を守りたい。そんな女の目線のほうが真理であるという確信をもって、堂々と報道してほしいのです。

私はベトナム戦争の取材も経験しました。あの戦争で200万人もの命が犠牲になりました。今の平和なベトナムを実現するために、なぜあれほどの犠牲を払わなければならなかったのか。まったく無意味な戦争だった。私にはそうとしか思えません。勝ち負けや正義の問題も大事かもしれないけれど、人々の暮らしを破壊することへの怒りを忘れないでほしい。

日本もアジアの人々の命を奪い、300万人もの国民の命も失いました。エネルギーや食糧を確保できなくなって戦争を始めたと教えられました。でも女の目から見ると、不思議でなりません。男たちはなぜ戦争以外の道を探せなかったのでしょう。そういう発想で人々を説得し、問題提起するのが女の役割だ、と私は思います。

——そうはいってても男の論理はなかなか揺らぎません。報道に携わる女性たちは、今も相変わらず男の土俵に上がり、男の発想で勝負しているはずです。

平松　1本の記事でもいい。女の目線で書いてほしい。じつは、メディアで働く後輩たちに、女と男の目線はぜったいに違うはずだよと言うと、すごく嫌がられてしまう。「それでは平等な関係にならないです」って。でも私は、人間として生きる尊厳に、女の目線と男の目線のどちらがより鋭く迫っているかといえば、答えは明らかだと思うんです。二つの目線のぶつかり合いの中で、社会が求めている報道とは何かが見えてくると思います。

第10章 記者クラブは必要か

中央官庁の建物内に設けられた記者クラブ。仕切られた各ブースが加盟各社に割り当てられており、記者が活動拠点にする＝2014年、東京・霞ケ関

講義

日本固有の記者クラブ

記者クラブとはどんなところか。そう問われて、だれもがイメージできるように説明するのはけっこうむずかしい。一言でいうと「公的機関から情報を得る目的で、各社の記者がつくる組織」である。その活動スペースが記者室だ。

記者クラブは日本固有の制度である。同様の組織は世界を見渡してもほとんどない。1890年に第一回帝国議会が開かれたとき、政府が用意した20枚の傍聴券を分配するために記者たちがつくった組織が始まりといわれている。つまり120年間も続く制度である。太平洋戦争の際には国家体制に組み込まれ、政府公認の御用機関となったが、戦後の言論統制廃止により、旧体制は一掃された。GHQの指示で、取材に一切関与しない親睦団体に生まれ変わるはずだった。

記者クラブはなぜ、親睦団体でなければいけないのか。取材のための機関ではなぜだめなのか。その理由は、報道の自由を損なうからである。閉鎖的な記者クラブが取材調整機能をもつと、政治家や役人といった公権力の側に取り込まれ、情報を管理、独占しかねない。結果的に民主主義の基盤である「国民の知る権利」を危うくする恐れがある。それを阻止するためにも、記者クラブは主要マスメディア以外にも開かれた親睦機関となり、記者室はだれもが使える空間とすべきである、とされたのである。

ところが記者クラブは戦後も親睦団体の枠を超え、記者会見の段取りをし、入手情報を管理してきた。一方で、雑誌やフリーランスの記者、海外報道機関などの加入をきびしく制限してきた。報道の自由という権利をクラブ内で独占し、取材のための調整機能をずっと果たしてきたのである。

そんな記者クラブも近年はだいぶ改革が進んでいる。海外報道機関にも、フリーランスにも、徐々に開放されはじめている。しかしその歩みは決して速いとはいえない。なぜか。原因はこの組織が取材する記者側にとっても、取材される役所側にとっても、じつに都合のよいシステムだからである。

国民の「知る権利」の代行役

記者室は官庁であればたいていその建物の中にある。大きさはまちまちだ。大きい記者室は大学でいえば５００〜６００人収容の大教室ほど。小さな記者室は定員10人程度の小会議室くらいからある。

首都圏の省庁や地方自治体、業界団体など、公的な機関にはたいてい記者クラブがあり、記者室が用意されている。地方をみても北海道から沖縄まで、全国の役所、警察署、商工会議所などにほぼ例外なく記者クラブがある。その数は約８００といわれている。

では戦後の記者クラブには本来、どんな役割が期待されてきたのか。1945年の敗戦で、日本は軍国主義国家から民主主義国家に生まれ変わった。翌年、日本国憲法が公布された。新憲法は「国民主権」「基本的人権の尊重」「平和主義」の三つを基本原則としている。一番手の国民主権はもちろん、国民がこの国の主人公であることを意味している。

主人公はこの国を動かし、さまざまな決め事をし、自分たちの暮らしをみずから主導しなければならない。しかし国政全般となると、扱う内容は多岐にわたる。一般国民だけでこの国を運営するのは荷が重い。そこで国民は自分たちの代行者として、政治家を選び、公務員を雇い、税金から給料を払って働かせている。だから政治家や公務員は、国民に奉仕する義務を負っているのである。

さて、二番手にくる「基本的人権の尊重」とは何か。これは主権者である国民は、自由に生き、平等に暮らす権利を持っていることを意味している。表現の自由、報道の自由もその一つだ。戦後、主権者となった国民は、表現の自由の保障によって、だれもが自分の考えを自由に述べられるようになった。

しかし、一般の国民が役人や政治家の仕事ぶりをつねに監視し、国民の利益に反することをしていないか、国民の基本的人権が守られているか、と目を光らせるのは容易ではない。そこで出番がまわってくるのがマスメディアである。国民はマスメディアを使って、役人や政治家をチェックする。マスメディアはこのようにして、国民の知る権利を代行しているのである。

発表ジャーナリズムの温床

では、現在の記者クラブはチェック機能を十分に果たしていると言えるのか。残念ながら実態は理想からかなり遠いと言わざるを得ない。

記者クラブ批判の中で最もよく耳にするのが、この組織が「発表ジャーナリズム」の温床になっている、という指摘である。「発表ジャーナリズム」とは、官公庁から発表される情報を各社がそろって取り上げ、どの新聞を広げても書いてあることが似たり寄ったりの報道形態を指している。そして記者クラブこそがこの横並び意識の元凶だ、というのである。

「発表ジャーナリズム」の実態はどうなっているのか。自社の紙面を俎上に載せ、真正面から報じた新聞がある。香川県の四国新聞。発行部数21万部。同県では約6割のシェアを占める県民の主読紙である。

2001年1月、同紙は年間企画「民主主義の風景」を始めた。その第一部が「記者クラブの功罪」(16回連載)である。連載6回目、同紙は発表ものの記事が自社紙面の何割を占めているかを調べ、掲載した。タイトルは「発表漬け」。

調査期間は2000年12月の1ヵ月間。主な記者クラブ(県政、経済、県警、高松市政)から出た記事のうち、発表ネタや行事物など、記者クラブ情報がどのくらいを占めたかをチェックした。その結果、記者クラブ情報の割合は82・5%もあることが分かった。独自ニュースは2割にも満たない。議会記事を除けば、発表ものの占める割合は9割近くにはね上がるという。

一般市民の多くはこの数字を見てびっくりするに違いない。しかしさらに驚くべきことが同紙には書かれている。この状況が業界内では半ば常識になっているとの指摘である。しかも発表ものが8―9割を占める現状について、新聞関係者からは「もっと多いのではないか」との声も出た、とある。さらにこの傾向はどの新聞社もほとんど変わらないという。たしかに私の記者時代を振り返っても、7―8割は発表もの、という感覚がある。

全国紙も半分以上は発表もの

朝日、毎日、読売の三全国紙と、北海道の地元紙である北海道新聞（以下道新）の紙面はどうか。各紙に占める独自取材記事の比率について、1980年から5年ごとの推移を調べてみた（最終年は2014年）。対象は各年の1月から12月までの毎月1日の第1面。数字は総本数に占める独自ネタの比率である。

発表ものであるかないかの判断はけっこうむずかしい。大半は「大蔵省は」「首相は」といった発信元が明記されているかどうかで分かる。発信元を微妙にぼかした記事については、経験を頼りに辛めに判断した。また、1段見出しの短い記事は数えていない。多少の誤差はあっても、大きな傾向はつかめると考えてよいだろう。

社によって多少ばらつきがあるものの、1980年代から2005年までは独自取材記事が10％台という年が散見される。発表報道が第1面を占有していたとみてよいだろう。この傾向は

２０１０年以降、明らかに変化し、各社とも20％以上を維持しているのが分かる。朝日、読売は05年から30％台を出し始め、道新も10年、14年と30％台を維持している。

毎日は２０１０年に48・８％と突出している。同社は同年４月、共同通信に半世紀ぶりに再加盟した。再加盟にあたり、「現場への負担が減るメリットを生かし、独自取材に力を注げ」との趣旨の「脱記者クラブ令」が出されている。この号令が２０１０年の紙面に影響したのだろう。しかし14年の独自取材比率は４紙中で最下位。改革は容易ではないということだろう。

表　第１面に占める独自取材記事本数の比率

（％）

年	朝日新聞	毎日新聞	読売新聞	北海道新聞
1980	24.5	23.5	15.7	6.9
1985	22.0	22.9	33.3	28.3
1990	23.2	19.6	18.9	21.0
1995	26.5	18.0	27.3	27.8
2000	18.1	20.5	25.0	20.4
2005	34.0	13.7	33.3	17.9
2010	27.2	48.8	36.7	38.6
2014	34.9	22.2	28.3	34.0

注）1980年から５年ごとに、各月１日付紙面の総本数を、阪井が比較・作成。

便宜供与、閉鎖性、癒着……

「発表ジャーナリズム」に陥っているという点のほかにも、記者クラブはさまざまな問題点を指摘されている。そのいくつかを紹介しよう。

▼便宜供与と供応

記者クラブが官公庁から受ける最大の便宜供与は、記者室の無償提供だろう。記者クラブは役所の一室を借り、記者室として使う。しかし記者クラブとしてその賃料を支払ったというケースは聞かない。賃料を払うとなると、メディア側としては膨大な支出になる。

　賃料をメディア側に負担させることには疑問がある。官公庁の役所は本来、役人がしっかり働くように、国民が税金で使わせている施設である。記者室もまた、国民が記者に情報収集をさせるための基地である。賃料を分担するシステムをつくると、記者室開放の際、雑誌記者やフリーランスからも徴収しなければならなくなる。多くの取材希望者が利用できるようにすべきなのに、賃料というハードルを設けてしまっては逆に利用がむずかしくなる。だいいち賃料の支払いを役人や政治家が口にする最近の風潮自体がそもそも筋違いである。

　供応、いわゆる酒食のもてなしの典型例が、役所幹部との懇親会だ。忘年会や新年会のほか、人事異動で所属する記者がクラブを脱退する際には、クラブ仲間に役所幹部が加わって盛大な送別会を開く。かつて懇親会の費用の大半は役所側が支払っていた。つまり税金で飲み食いをしていた。私も含め、多くの記者が国民の税金でただ酒を飲んでいたのである。まったく情けない話だ。このような悪習はほぼ駆逐されていると聞く。

▼排他性と談合

　排他性についてはここ数年でだいぶ改善されている。きっかけは海外メディアからの外圧と、民主党政権の誕生である。組織的に外圧をかけたのは欧州連合（ＥＵ）だ。「記者クラブに加盟していない外国メディアが会見から締め出されている」として２００２年から３年連続で、政府に記者クラブ制度の廃止を求めた。ＥＵの訴えは海外プレス共通の不満だった。この外圧が効いたのか、現在では外国記者登録証があれば海外メディアの記者も会見に出席できる省庁が増えている。ただフリーランスや雑誌の記者は今でも開放の対象外であったり、さまざまな条件をつけられたりしている。

じつは、民主党政権が誕生した２００９年以降、各省庁で大臣が行う定例記者会見のオープン化が急速に進んだ時期があった。政権交代前から「開かれた記者会見」を掲げていたことから、各大臣の側から記者会見オープン化の提案が相次いだ。ただ、会見改革が政治家と役所の主導で行われたことにより、政権交代後は足踏み状態になってしまった。

抜かれる恐怖が生む協定

記者クラブの談合性の象徴として真っ先にあげられるのがクラブ協定である。簡単にいえば、各社が談合して発表時期を一緒にする試みだ。「抜いた、抜かれた」の競争をしているはずの各社が、なぜクラブ内で談合するのか。こんな架空の例を考えてみよう。

役所内の記者クラブのA社が、重大ニュースの端緒をつかんだとする。B、C、Dの３社はまったく気づいていない。しかし、E社はニュースの輪郭を嗅ぎ付けている。つまりA社を追う形である。E社はA社を必死に追う。しかしどうしても全容をつかめない。時間切れが近い。そんなときE社はどうするか。最後の手段がある。クラブ協定に持ち込むのである。協定が成立すればA社のスクープの夢は消える。E社はA社の特ダネを協定に持ち込むことでつぶし、各社横並びとする道を選ぶのである。

もちろん日常的にこんなことが行われているわけではない。しかし他社に抜かれることへの恐怖が、クラブ協定の背景にあるのはまちがいない。

クラブ協定の成立を一番喜ぶのはだれか。じつは発表者側の官公庁である。先行社にスクープを報じられると、役所内は大混乱に陥る。それよりも、事前に報道をコントロールしてしまうほうがずっとメリットが大きい。一方、ダメージをうけるのはメディアの側である。取材競争を避け、横並びで発表を待つ記者たちに、ハングリー精神が育つわけがない。

役人や政治家との癒着

発表する側とされる側。この関係を日常的に続けていると、徐々に親密度が増してくる。やがてさまざまな癒着が始まる。

1994年10月号の『文藝春秋』には時事通信の田崎史郎記者の手記が載っている。「現役政治部デスクの極秘メモ」。小沢一郎番の田崎は、他社の小沢番仲間3人とともに89年8月、海部俊樹の総裁選挙立候補会見の段取りをした。翌90年2月の総選挙の政見放送原案もつくった。小沢に見込まれての隠密行動である。記者として超えてはならない一線を踏み越えた典型例だ。ただし、ここまで小沢から信頼を得たことは、番記者にとってたいへんな誇りである。本人たちも、さぞ鼻が高かったことだろう。ところがやがて田崎は、小沢から一方的に関係を切られる。理由は分からない。さんざん思い悩んだ末、田崎は「記者は政治家の下僕ではない」と結論づけ、一部始終を暴露したのである。

2000年5月、森喜朗首相が「日本は天皇を中心とした神の国である」という趣旨の発言をし、マスコミが騒いだ。全体の文脈を考えると発言自体は取るに足らない内容だが、この一件が逆に政治家と記者の癒着構造をあぶり出すきっかけになった。釈明会見の前日、官邸の記者クラブのコピー機に1枚の文書が残されているのを西日本新聞の記者が見つけた。タイトルは「明日の記者会見についての私見」。そこには「質問ははぐらかせ」など、会見での対応に関するアドバイスが細かくつづられていた。会見を乗り切るための指南書を記者が書いていたのである。筆者がどこの社の誰であるかはおおむね明らかだった。しかしクラブ内で追及されることもなく、指南書騒動はうやむやのまま終わった。

中川昭一財務・金融担当大臣のもうろう会見も、記者と政治家の関係の異様さを浮き彫りにする珍事だった。2009年2月、ローマで開かれた主要7ヵ国財務大臣・中央銀行総裁会議（G7）後の記者会見。ロレツの回らない中川のちんぷんかんぷんな答弁ぶりも異様だったが、その醜態を問いただすことなく、平然と質疑を続けた同行記者の構えも相当に異様だった。まともな感覚ではない。会見のもうろうぶりを指摘するニュースが国内で流れ出したのは、その18時間後。海外メディアのいくつかはすでに、お笑いネタとして報じていた。やがて国内メディアが始めたのは猛烈な中川バッシングである。新聞やテレビの対応がフェアでない。発言や行動がおかしいと思えば、会見の場でただすのが筋である。

二つの記者クラブ廃止例

記者クラブの在り方について、行政側が疑義をつきつけた例がある。鎌倉市と長野県である。

鎌倉市は1996年4月、市役所内の記者室を、だれでも利用できるワーキングルーム「広報メディアセンター」に変えた。実施したのは元朝日新聞記者の竹内謙市長。同センター設立について、竹内は「すべての記者に開放し、市民も利用しやすいスペースにしたい」との意向を強調した。

記者クラブというタブーに風穴を開ける試みと多くの賛辞が贈られた。一方で、センターの管理を市が行い、会見を仕切るのも市の権限とすることに、メディア側から危惧の声が相次いだ。同センターの運営要綱には、企業広報紙や政党機関紙には利用させない方針も明記されていた。

鎌倉市の改革から5年後の2001年5月、長野県の田中康夫知事は同県庁の記者室を撤去し、「プレスセンター」を設けることを明らかにした。いわゆる「脱・記者クラブ宣言」である。見直しの理由について田中知事は、記者クラブが「排他的な権益集団」と化す可能性があると指摘し、便宜供与を改めるとの姿勢を示した。名称を変え、雑誌、ミニコミ誌、ネット媒体など、「表現活動に携わるすべての市民」に開放すると表明した。週1回行ってきた知事会見の主催権も、県にあるとの認識を示した。

鳴物入りで始まった改革ではあるが、その後、この二つの試みに続く動きはない。長野県民や鎌倉市民にとって、この改革はどんな意味があったのか。真剣な総括が必要である。

脱記者クラブの動き

記者クラブ改革は本来、マスメディア側から主体的に行うべきである。そしてその動きは近年、脱記者クラブという形で見え始めている。三つの例を紹介したい。

①朝日新聞・特別報道部

朝日新聞は2011年10月から連載企画「プロメテウスの罠」を始めた。福島第一原発事故の全容に調査報道の手法で迫り、2012年度の新聞協会賞を受賞した。この連載を担当したのが特別報道部（特報部）である。

連載開始時の部長である依光隆明は2012年4月の『Journalism』で同部についてこう説明している。「決まった仕事はないし、なにより全員が記者クラブに属していない。一騎当千の個性派が書きたいことを書く。超特ダネを狙う。組織であって組織でないような『一発狙いの飯場』」。

連載開始直後、同部の入り口ドアに若手記者がワープロ打ちした紙を張った。「脱ポチ宣言」。会社にも、社内秩序にも、権力や当局にもしっぽを振らない、とする決意表明である。もともと依光が高知新聞出身で、50歳を過ぎてから朝日入りした異端の男だからこそできた芸当だろう。

依光は新聞の弱点についてこう述べる。「取材相手から話を聞くことができなくなったら仕事にならないと考えるのは普通の感覚であり、そうならないために一刀両断的な書き方はできないと思うのも人情だ。ごく自然な流れとして、取材相手の心情を忖度し、その顔を思い浮かべながら書いたりする。それを続けるうち、ともすれば読者の顔を忘れるようになってしまう」。

この弱点を克服するにはどうすればよいのか。依光の結論はこうである。「更地の状態で取材相手と向き合い、取材が終わった後は再び更地に戻る」。つまり取材先との人間関係を、取材後にも生かそうとは考えない。記者クラブ詰めの記者にとっては、常識を打ち砕かれるような発想である。

②東京・特別報道部

東京新聞（発行部数51万部）の編集局にも特別報道部がある。部の発足は1968年だから、朝日・特報部よりずっと先輩だ。タブロイド判の夕刊フジ登場に触発され、読者の興味にこたえる紙面づくりをめざして誕生した。

同部には見開き2ページの「こちら特報部」面が任されている。紙面の中でありながら、週刊誌風な活動を特別に許された解放区、といったイメージである。記者は一人も記者クラブに所属していない。そのぶん官庁とのしがらみもない。全国を飛び回って取材し、発表ものでないニュースを追いかける。権力監視という視点はつねに一貫している。

同部もまた東日本大震災以後、独自のネットワークを生かし、現場第一主義の紙面づくりで原発事故を追及し、2012年度の日本ジャーナリスト会議（JCJ）大賞を受賞した。2012

年9月、さいたま市で開かれた講演会で稲熊均部長は「発表や記者クラブに依存しない特報部のスタンスがあったからこそ、(官庁発の)膨大な情報に惑わされることなく、独自のネットワークを生かして取材できた」と振り返った。

③毎日新聞の共同通信再加盟

前にも触れたように、毎日は2010年4月、共同通信社に再加盟した。半世紀ぶりの再加盟によって毎日がめざしたのは脱発表ジャーナリズムだ。各社共通の発表ものは共同の原稿を積極的に使い、自社の記者には付加価値のある独自取材をさせる、とのスタンスである。

共同再加盟の狙いについて東京本社編集局長の河野俊史(当時)はこう説明する。「記者クラブに張りついたり、雑報の処理に追われる労力が軽減されることで、深みのある独自取材の余裕が生まれることを期待している。(中略)一日中、記者クラブで発表ものを処理しているだけで仕事をした気になっているような記者に意識改革を迫るものだ」(『新聞研究』2010年6月)。

以上の3例は、いずれも記者クラブという枠組みから離脱する試みといえる。ただ、だからといって記者クラブの存在を全否定できるわけではない。むしろ現状では、記者クラブ詰め記者による日常的な取材活動の下支えがあってこそできる特別なチャレンジ、という位置づけだろう。

記者クラブ改革は可能か

記者クラブを廃止すべきではないか、という声は少なくない。特に雑誌やフリージャーナリストからは近年、きびしい糾弾が相次いでいる。かつての記者クラブ利用者の一人として、耳の痛い指摘も少なくない。真剣に受け止め、改革に生かすべきである。ただ、急進的な廃止論には危うさも感じる。

記者クラブの存廃を問うとき、忘れてならないのは、それが結果的に国民の「知る権利」にプラスになるかどうかという視点である。既得権益にしがみつく既存メディアを根絶やしにしようとして、国民の「知る権利」までみずから放棄してはならない。政治家や役人に、記者クラブ改革のイニシアチブを握らせてもいけない。

国民には行政機関に対し、情報の公開を求める権利がある。2001年に施行された情報公開法がその権利を保障している。我々国民はこの権利の大切さをもっと重くかみしめるべきである。記者活動の自由が守られているのも、広い意味で情報公開の権利の中にあるとみてもよいのではないか。記者も一般市民も、情報公開制度をもっと積極的に活用すべきである。

記者クラブ改革は必要不可欠である。それは記者クラブのメンバーの大半にとっても共通の思いだろう。しかし、権力の監視役として一世紀以上前に発足したこの組織を、安易に葬り去ることがはたして国民のためになるのか。記者クラブ廃止論者は、廃止後の代替システムを語る義務がある。

インターネットの普及により、官公庁の情報は無料で配信される時代になった。そんな時代だからこそ、記者クラブを国民の知る権利のための前線基地として本気でつくり変えなければいけない。ところが新聞、テレビが記者クラブ改革にどう取り組もうとしているのか、さっぱり見えてこないのはなぜか。仮に「現状維持が最良の選択」とダンマリを決め込んでいるのだとしたら、その判断はみずから墓穴を掘っているに等しい。

記者クラブの問題は、我々がこの国の主体として積極的に情報をつかみ、国づくりの責任を引き受ける気構えがあるかどうかを問いかけている。試されているのは、この国の民主主義を守り抜くという国民の決意の本気度ではないか。

ディスカッション……原　寿雄／阪井　宏

「発表ジャーナリズム」

阪井　記者クラブ批判の声がやみません。書店をのぞくと、記者クラブを挑発的にののしるタイトルの本がいくつも並んでいます。しかし新聞社、テレビ局の側はそんな声に対し、見えないふり、聞こえないふりをしているかのようです。こんなことでよいのでしょうか。

原　記者クラブの廃止を支持するのは、長い間、記者クラブから締め出されてきたフリー記者や雑誌記者たちだけではない。亡くなった筑紫哲也君のように、マスメディアの側にも廃止論を主張する人が少なくない。記者クラブを舞台に、報道陣と当局が癒着して世論操作をしている、との見解は否定しきれない。

阪井　新聞協会が1993年11月にやった記者アンケートの調査では、記者クラブの存在意義を認める肯定的な答えは40・9%。否定的な答えは「ないほうがいい」の13・7%を加えると、27・2%に上ります。3人に1人が否定的です。

原　93年調査で否定面が内部から明らかになったせいか、その後同じような調査はやられていないので、20年前と今との正確な比較はできない。だが大勢は変わっていないと思う。むしろ記者クラブの閉鎖性や独占性への批判が一段と強まっていることを考えると、否定的意見がもっと増えているのではないか。

阪井　一方で、権力の敷居の中にジャーナリスト集団が常駐していることによって、権力に睨みをきかせる存在として社会の役に立っている、という見方もあります。

原　新聞労連内には記者クラブの役割を「権力内部に構築した民主主義の橋頭保《きょうとうほ》（作戦の前線拠点となる陣地）」として評価しようとする声も出ている。実態がそこまで言えるほどとは思えないにしても、そういう目標を立てる志は評価したい。集団の圧力で当局者が隠したがる情報を公表させる効果も指摘できる。学者の中には「記者クラブは公共情報のリレー装置として優れた機能を果たしている」とほめる人もいる。楽観的すぎると思うが、ひとつの見方だ。

阪井　記者クラブの弊害としては、①官公庁の発信する情報の独占、②記者クラブの閉鎖性の徹底、③記者クラブと情報源の癒着、④発表洪水と記者懇談による世論操作――などをあげることができます。そういえば、「発表ジャーナリズム」という言葉を最初に使ったのは原さんだったように記憶しています。

原　たしか、１９７９年12月の『新聞研究』誌の中の論文のタイトルを「発表ジャーナリズム時代への抵抗」として使った。当時、私は共同の編集局長だった。80年代の展望特集の中だったと思う。指摘した問題は今なお未解決のまま。残念だよ。

議題設定するのは誰か

阪井　記者クラブの弊害の中で、原さんが今、最も危惧していることは何ですか。

原　私が一番重大視しているのは「いま何を社会が議論すべきか」という議題（アジェンダ）設定の問題だ。その主導権を情報発信者に握られ、世論が動かされている。当面する社会問題の中で、いま最も大事なことは何か。それを選んで社会に議論のタネをまくのは、本来ジャーナリズムの基本的な仕事のはずだ。そのイニシアチブを情報源の思うままに、テーマもタイミングも選別されて発表され、そのとおりに報道している。この現状を何とかして改めなければならない。役所や大企業、大組織が自分たちの都合に合わせて関係情報を発表し、世論がそれに誘導されるのは民主主義の危機だ。中国の軍備状況や北朝鮮の動きなどをめぐる報道についても、今のような「発表ジャーナリズム」がそのまま進めば、いつの間にか「だから非常時に近づいている」という空気をつくってしまうことにならないか。記者クラブの機能の中で一番危険なのは、この議題設定機能の問題だと、声を大にして言いたい。

記者クラブは廃止すべきか

阪井　では記者クラブは廃止すべきなのでしょうか。

原　廃止して、いつでもどこでもだれでも自由に取材できる、という原則を立てることが、ジャーナリズムとしてはベストだと思う。しかしクラブの集団活動に慣れた今の記者たちがばらばらになった場合、どこまで自由な取材で成果をあげられるだろうか。それより現にせっかくあるのだから、記者クラブを拠点にしながら自由に取材すればよいのではないか。その気になれば記者クラブで社会問題発掘のきっかけをつかむことはいくらでも可能だ。要するに、「記者クラブの囚人」のような活動スタイルから一斉に脱皮して、自由に取材すればいい。そうすれば記者クラブは、本当に民衆のために戦うジャーナリスト集団の権力内橋頭保になれる。

阪井　記者クラブの開放は徐々に進んでいますが、この動きは本物でしょうか。

原　もちろん記者会見は開放すべきだ。福島第一原発の事故でフリー記者も自由に会見に参加して、突破口は開かれた。産経新聞出身の日隅一雄弁護士がジャーナリストの一人としてがんと闘いながら東電の会見に出席し続け、企業記者には書けない貴重な記録『検証　福島原発事故・記者会見』を出したのは、その歴史的象徴といえる。記者クラブはあくまで同業者のクラブとして親睦組織に徹すればいい。同時に、記者会見ではライバルメディアに自分の情報を知られてしまうからと、ろくに質問せず、あとで独自取材で手に入れる、といったやり方も改めるべきだ。欧米のように記者会見こそ国民、住民を背に情報源と丁々発止のやり取りで問題点を追及する場にしなければならない。記者会見をセレモニーにするな、と言いたい。

現場から

ゆずれない使命感

［ニューヨーク・タイムズ東京支局長］マーティン・ファクラー

マーティン・ファクラー――1966年生まれ、米アイオワ州出身。イリノイ大、カリフォルニア大バークレー校で学んだ後、慶応大、東大大学院に留学。96年からブルームバーグ東京支局勤務。北京、上海で記者経験を積み、2005年からニューヨーク・タイムズ東京支局、09年から同支局長。著書に『「本当のこと」を伝えない日本の新聞』（双葉新書）。

Gパンにポロシャツ姿で現れた。米有力紙の東京支局長というイメージは、いきなり裏切られてしまった。日本語で政治、経済、社会、文化を自在に語る。日本という国の仕組み、国民性への理解は驚くほど深い。日本での記者歴は通算12年。物腰の柔らかさがすっかり板についている。しかし座右の銘はブルームバーグ時代に先輩記者から託された言葉「よきジャーナリズムには倫理的な怒り（outrage）が必要だ」。outrage には、悪に対する人間的な怒りという意味が込められている。日本のマスコミが忘れかけている原点である。

ぬるま湯の記者クラブ

――東日本大震災の翌年の2012年、日本語で本をお書きになりました。『「本当のこと」を伝えない日本の新聞』というタイトルが挑発的です。内容は「記者クラブ制度」への痛烈な批判。「『権力の監視』という本来の役割を果たしていない記者クラブメディアは、権力への正しい批判ができていない」と断じ、その最大の被害者は「日本の民主主義そのもの」と警鐘を鳴らしています。発行して2ヵ月で7刷。読まれていますね。

ファクラー　これまでに9万部刷りました。メディアに対する不信感の広がりが、追い風になったようです。ただ、読者の大半はマスコミで働く同業者ではないでしょうか。

――ファクラーさんはどこの記者クラブにも入っていないのですか。

ファクラー　入っていないですね。私にとってはメリットがありません。政治家や役所に取材したいときは、個別に申し込んでいます。

――記者クラブ制度には問題が多いというのはよく分かります。しかし一方で、記者クラブは加盟社が束になって役所に資料を出させたり、渋る政治家を会見の場に引っ張り出したりもします。記者クラブの価値も記者の姿勢によるのではないでしょうか。もちろん組織の閉鎖性など改めるべき点はたくさんあります。

ファクラー　記者クラブという制度はあってもいいと思っています。しかしこの組織は、取材先への依存度を高め、各社間で競争をしない仕組みを作ってしまう。

――メリットはないということですか。

ファクラー　私にとってはありません。メリットが見えない。たとえば経産省の担当記者がクラブに入るとします。経産省に張りつきながら、一定の距離を保つことは簡単ではありません。仲良くなりすぎると批判できなくなる。なんらかの便宜を受ける関係の中にいると、正しい距離を保てなくなる。

――組織の中に籍を置きながら、そこで手に入る情報を活用し、攻めの取材をすることはできませんか。

ファクラー　扱うニュースそのものが受け身になるんです。NHKの午後7時のニュースがその典型でしょう。ほぼすべて当局の動きです。総理大臣はこうしている。外務大臣はこうしている。警察はこうしている。東京地検はこうしている。ものすごく受け身のジャーナリズムです。

――ファクラーさんの思い描く理想的な取材スタイルはどんな形ですか。

ファクラー　外へ行って問題を見つけ、それを当局にぶつける。それだけです。ニュースを見つけるイニシアチブはつねにこちら側にある、というスタンスです。ところが記者クラブに入ると、逆にずっと当局に引っ張られてしまう。何がニュースかは当局が決める。記者クラブの記者は、当局がもってくるニュースを待っているのです。

――口を開けてエサを待つヒナの群れのようですね。ただ、海外メディアの中にも、日本の記者クラブに加盟している記者は少なくないはずです。

ファクラー　AP通信の記者はいろいろな記者クラブに入っています。ただ、かなり批判的です。常駐しているわけではなく、プレスリリース（報道関係者向けの発表）だけもらいに行く記者が多いようです。

記者クラブそのものがダメだとは言っていません。記者クラブがつくるマインドが問題です。一番おかしいのは、加盟社以外の記者は会見に入れないという仕組みです。同じメディアなのに、別のメディアを排除する。寡占状態をつくる。それが一番分かりにくい。ジャーナリズムの原理に反します。

――なぜそのような仕組みが日本の社会に生まれてしまうのでしょう。

ファクラー　みんな競争をしたくないのでしょう。昔はすべての産業がそうでした。限られた範囲の中でしか競争をしない。そのことで共存が図られている。みんなで話を聞いて、「今日のニュースはこれね」と決める。だれにもスクープをさせない。

――アメリカのジャーナリズムにもインナーサークルのようなものがあります。たとえばホワイトハウス詰めの記者はどうでしょうか。彼らも中に入ってしまうと批判しづらくなるのではないですか。

ファクラー　日本ほどではないですが、ホワイトハウスの記者にも当局の発表に依存してしまう傾向はあります。批判できなくなるほどではありませんが、問題は受け身的になることです。大統領は次に何をするのか、と待っている状態です。受け身になるという点では日本の記者クラブと似ています。主体性がない。第三者の立場で距離を保って見ることができなくなる。そこが問題です。

——記者クラブを取り払い、それぞれが興味をもったことを取材する態勢になるべきだということでしょうか。

ファクラー　何度も言うように、記者クラブの存在そのものが問題ではないのです。記者クラブは残ってもいい。ただ問題は競争がない、ということです。みんなが競争をどこかで制限しているという点です。

たとえば日本の新聞には休刊日があります。新聞が一斉にお休みする。その日はどこの新聞も来ない。アメリカではあり得ないです。「この日を休刊日にしましょう」と話し合うなんて、どうかしている。笑ってしまいます。談合のようなシステムです。これが一つ目の問題。もう一つは、これは明治国家のころからの名残だと思うんだけれど、官僚がいて、ジャーナリストがその情報をもらって国民に伝えるという仕組みがまだ残っています。当局とはもっと距離を保って、読者の側に立つべきです。新聞は読者の番犬なんだから。記者クラブを見ていると、国のために団結して読者に知らしめるという仕組みを感じます。だからニュースは当局の動きばかり。ほとんどがプレスリリースをそのまま書いている。問題はこの二つですね。つまり寡占状態と、受け身の姿勢。

くどいようだけれど、記者クラブそのものはどうでもいいんです。問題は記者クラブが支えているシステムです。マインドというか、やり方が変わるのであれば記者クラブは残ってもいいです。

――ファクラーさんは、震災後の報道を見て、どうお感じでしたか。

ファクラー　読者の側に不信感が生まれ、読者層の崩壊が進んだと思います。読者の側の不信感というのは、つまり今回の震災報道によって、ふだんは読者の味方だと言っている新聞が、じつは巧みに当局側に立ち、当局のための記事を書いていることが、多くの国民に分かってしまった。福島第一原発の事故を過小評価する当局の発表を、メディアはそのまま報道した。SPEEDI（緊急時迅速放射能影響予測ネットワークシステム）のデータ非公開を許してしまったのがその象徴的な例でしょう。権力者、支配者のために書くマスコミへの違和感、距離感を多くの読者が感じている。それが今のジャーナリズムではだめだ、という圧力になっている。

それともう一つは、インターネットの普及によって、読者にはマスコミとは異なる情報収集の選択肢が生まれているという事実です。自分たちのために記事を書かない新聞なんかいらない、別のブログを読もう、という動きになっている。そうやって離れていった読者の信頼を取り戻すにはどうしたらよいか、新聞は危機感を募らせている。問題の根本的な原因は明らかです。記者クラブ制度が象徴する当局とマスコミの距離感が、今の世の中にまったく合わなくなっているんです。

人間としての怒りを

――ファクラーさんは先輩から教えられた言葉“A good journalism needs a sense of moral outrage.”（よきジャーナリズムには倫理的な怒りが必要だ）を大切にしているそうですね。moral outrageという感覚は、記者クラブにいては育ちませんか。

ファクラー　Outrageという感覚は、取材先に「特ダネちょうだい」とおねだりするような関係のもとでは絶対にありえません。クラブに入っていてもいいんです。外へ出ていって、当事者や被害者の話を聞き、クラブに戻って当局にぶつける。その姿勢であれば必ずOutrageが生まれるはずです。それが本来のジャーナリズムでしょう。何度もいうようですが、クラブがあるからだめなのではない。クラブがつくる依存関係、特ダネ主義、ずっと仲良くして一番最初にニュースをもらおうという精神が、Outrageとまるで相容れない。会社という枠踏みを超えて、ジャーナリズムに携わる人間としての使命感や倫理感覚が必要です。この仕事を選んだ者にとって、倫理感覚はそれくらい譲れないものです。

――記者クラブの在り方に疑問を感じながら働いている記者はたくさんいます。個々のジャーナリストはどうしたら良いのでしょう。マスコミはどのように組織改革を進めるべきなのでしょうか。

ファクラー　構造的な問題なので、一人ではどうしようもない。個々の人間が悪いわけじゃない。構造がだめです。個人や会社よりさらに上の、システムの問題だと感じます。ただ、競争があればこのシステムを壊すことができるかもしれない。そのためにも、みんなと違う記事で勝負する新聞、テレビが出てきてほしい。新しい報道機関に生まれ変わるくらいの覚悟で、みんなと違うニュースで勝負するマスコミが登場し、競争を始めれば、変わるかもしれない。日本の電器産業だって、かつてはどこの社も同じような製品を作っていました。たしかに作れば売れる時代があった。でもそんな商売はもう通用しません。独自性で勝負しないと相手にされない。同じものをつくって平気でいるのは、日本のマスコミくらいのものでしょう。

おわりに

最近、「覚悟」という言葉を安易に使ってしまう自分に気づいた。マスコミの覚悟、市民の覚悟といった具合である。言葉の重さに実質が伴っていない。じつは本書の「はじめに」にも当初、「覚悟」を使った。考え直して別の表現にした。

これまでに出会った人の中で、「覚悟」という言葉がふさわしい人が二人いた。一人は、本書にも登場するむのたけじさんである。

むのさんには以前にもお会いしている。25年ほど前、ある講演会でむのさんの話を聞いて感動し、ずうずうしくも楽屋まで行ってあいさつをした。「自分は新聞記者だが、今の仕事に自信が持てない。いつも悩んでいる。励ましの言葉をもらえないか」。むのさんは、私が差し出した手帳の裏面に「朝の来ない夜はない」と書いてくれた。

むのさんは100歳になる今も、明るく元気である。とにかく声が大きい。話を聞くだけで勇気づけられる。

敗戦の日に朝日新聞を辞めた。記者として多くの国民を戦争に駆り立てた一人として、みずからの身を処した。戦後のむのさんは、ふるさとの秋田県横手市で30年間にわたって小さな新聞を発行しつづけた。
きっと苦悩の連続だっただろう。「家族に迷惑をかけました」とポツリと言った。しかし、むのさんはペンを握りつづけた。その手を支えたのは、おそらく覚悟だったに違いない。

もう一人は土屋祝郎さんという方である。土屋さんにも、むのさんと同じころにお会いした。当時、すでに80歳を超えていた。

秋田県の貧しい家に生まれ、幼くして母を失った。9歳で寺に預けられ、13歳で脱走した。吹雪の中を3日間さまよい、別の寺に駆け込んだ。この寺で働きながら勉学に励み、京都第三高等学校（現在の京都大学）に入学した。貧困の経験からマルクス主義に目覚め、共産青年同盟に加わった。その後、1939年から3年間、思想犯として釧路刑務所に投獄された。

獄中の土屋さんは、東京の同志と連絡をとるために秘密の通信ルートを考える。やがて釧路の獄中から確実に同志のもとへ極秘メモを届けるルートの開設に成功するのである。そのいきさつは土屋さんの手記『予防拘禁所』（晩聲社）に描かれている。

ところが手記には、通信文をどうやって外部に持ち出したかについての記述がない。私は自宅を訪ね、種明かしを求めた。土屋さんはなかなか教えてくれなかった。理由を問うと「いつかまた（あの方法が）必要になるかもしれない」と言った。冗談でなく本気だった。だが、たしか5度目の訪問で根負けし、ようやく教えてくれた。言われてみれば、じつに簡単である。しかし最後の最後まで官憲に見破られることはなかったという。

　土屋さんが書いた３００余枚の通信文のうち、85枚が今も市立釧路図書館に保管されている。縦５・５センチ、横15センチほどの紙片に、１ミリ四方足らずの文字がペンでびっしりと埋め込まれている。鬼気迫る歴史史料である。これが釧路刑務所から極秘に持ち出され、１０００キロ離れた東京へと向かったのである。

　土屋さんは「通信方法を決して口外しないように」と私に念を押した。私は同意した。数年後、土屋さんは世を去った。

　土屋さんの連絡方法をここには書かない。もったいぶっているわけではない。私たちがいつか使う日が来てもいいように、切り札の一つにしておきたい。私にとっての覚悟である。

　前著同様、元共同通信編集主幹の原寿雄さんにはたいへんお世話になった。原さんとの出会いがなければ今の私はない。花伝社の柴田章さんには今回も多大なご迷惑をおかけした。名編集者に支えられ、脱稿の日を迎えることができた。お二人に心から感謝している。

阪井　宏（さかい・ひろし）

1956年北海道生まれ。神奈川県立鎌倉高校、慶応大学法学部卒。1980年に北海道新聞入社。記者として札幌、釧路、旭川、東京などで勤務。2011年3月に早期退社。同4月から北星学園大学教授。1999～2000年、英オックスフォード大学グリーンカレッジ・ロイターフェロー。著書に『報道の正義、社会の正義 ―― 現場から問うマスコミ倫理』（花伝社、2013年）、編著書に『記者たちの戦争』（径書房、1990年）ほか。

原　寿雄（はら・としお）

1925年神奈川県生まれ。東京大学法学部卒。㈳共同通信社入社。社会部記者、バンコク支局長、外信部長を経て、1977年に編集局長、85年に専務理事・編集主幹。著書に『ジャーナリズムの思想』『ジャーナリズムの可能性』『ジャーナリズムに生きて』（共に岩波書店）、『デスク日記』（全5冊、みすず書房、筆名＝小和田次郎）、『新聞記者の処世術』（晩聲社）ほか多数。

報道危機の時代 ―― 報道の正義、社会の正義　PART2

2015年9月20日　　初版第1刷発行

著者 ―― 阪井　宏
発行者 ― 平田　勝
発行 ―― 花伝社
発売 ―― 共栄書房
〒101-0065　東京都千代田区西神田2-5-11 出版輸送ビル2F
電話　03-3263-3813
FAX　03-3239-8272
E-mail　kadensha@muf.biglobe.ne.jp
URL　http://kadensha.net
振替　00140-6-59661
装幀 ―― 水橋真奈美（ヒロ工房）
印刷・製本 ― 中央精版印刷株式会社

ISBN978-4-7634-0754-2 C0036